TRICOLORE Total 1

Sylvia Honnor

Heather Mascie-Taylor

Michael Spencer

OXFORD
UNIVERSITY PRESS

OXFORD
UNIVERSITY PRESS

Great Clarendon Street, Oxford, OX2 6DP, United Kingdom

Oxford University Press is a department of the University of Oxford.
It furthers the University's objective of excellence in research, scholarship,
and education by publishing worldwide. Oxford is a registered trade mark of
Oxford University Press in the UK and in certain other countries

Text © Sylvia Honnor, Heather Mascie-Taylor and Michael Spencer 2008
Original illustrations © Oxford University Press 2014

The moral rights of the authors have been asserted

Tricolore first published by E. J. Arnold and Sons Limited in 1980
Encore Tricolore first published by Thomas Nelson and Sons Limited in 1992
Encore Tricolore nouvelle édition first published by Thomas Nelson and Sons
Limited in 2000
Tricolore total first published by Nelson Thornes Ltd in 2008
This edition published by Oxford University Press in 2014

British Library Cataloguing in Publication Data
Data available

978-0-7487-9951-0

20 19 18 17 16 15 14 13 12

Printed in China

Acknowledgements
See page 176.

Although we have made every effort to trace and contact all
copyright holders before publication this has not been possible in all
cases. If notified, the publisher will rectify any errors or omissions at
the earliest opportunity.

Links to third party websites are provided by Oxford in good faith
and for information only. Oxford disclaims any responsibility for
the materials contained in any third party website referenced in
this work.

Table des matières

Dossier-langue

Grammar notes to help you understand the pattern and rules of French.

Stratégies

Tips on how to use the skills you have learnt.

Pour t'aider

Words and phrases to help you do an activity.

SOMMAIRE

Summary of all the main language introduced in the Unit.

 There is a linked ICT activity.

Work in pairs or groups.

 Listen to the recording for this activity.

unité 1
Bonjour!

- greet someone and say goodbye
- tell someone your name and age in French and ask what their name and age is
- ask someone how they are and tell them how you are

1 Bonjour!
Écoute et répète.

Bonjour, Coralie.
Bonjour, Sébastien.

Salut, Olivier!
Salut, Magali!

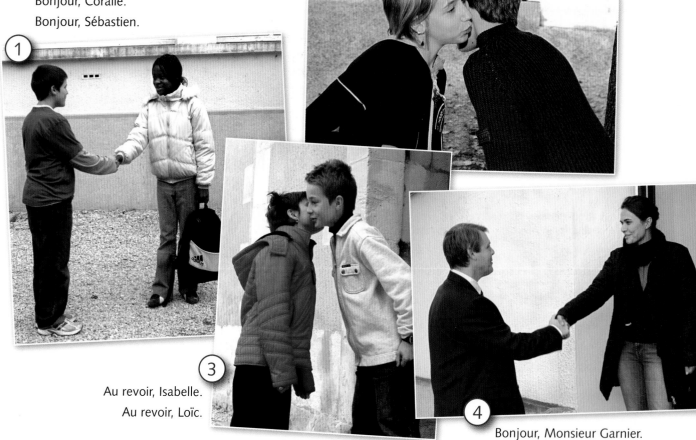

Au revoir, Isabelle.
Au revoir, Loïc.

Bonjour, Monsieur Garnier.
Bonjour, Madame Lucas.

2 Une conversation
Travaillez à deux.

1 Comment t'appelles-tu?

2 Je m'appelle Sophie. Et toi, comment t'appelles-tu?

3 Je m'appelle Luc.

3 Ça va?

Écoute et écris √ ou ～ ou ✗ pour chaque personne.

😊 Ça va bien √	
😐 Comme ci comme ça ～	
🙁 Pas très bien ✗	

Exemple: *Julie* √

Julie

1 Lauryne

2 Julien

3 Sanjay

4 Chloé

5 Léa

6 Alexandre

4 Quel âge as-tu?

Travaillez à deux.

Exemple:

Tu es Laura. Quel âge as-tu?

J'ai onze ans.

Théo Hugo Laura Manon

Noah Camille Julien Marine

Stratégies

As you learn a new language, try linking it to what you already know. For example, now you can ask and answer questions about name, age and how people are feeling. See how long a conversation you can have with a partner. Why not have a competition with other pairs to see whose conversation is the longest? It must be correct, too!

■ *learn about numbers and things in the classroom*
■ *learn about the gender of nouns*
■ *learn how to make nouns plural*

1 Des affaires scolaires

Écris 1–15. Écoute et écris la bonne lettre.

Exemple: 1C

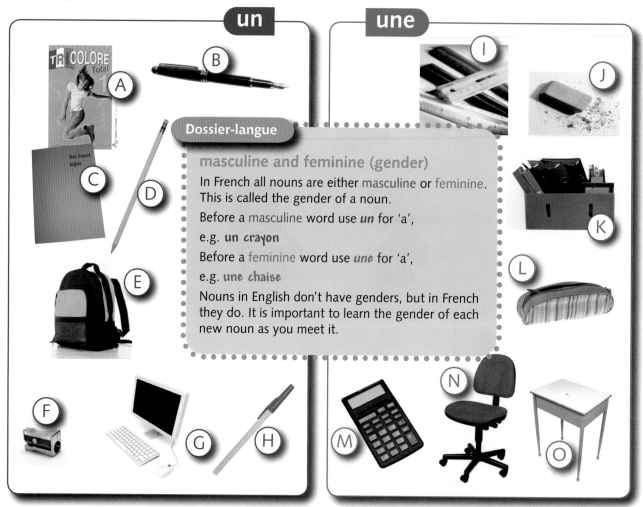

un

une

Dossier-langue

masculine and feminine (gender)

In French all nouns are either masculine or feminine.
This is called the gender of a noun.

Before a masculine word use *un* for 'a',

e.g. *un crayon*

Before a feminine word use *une* for 'a',

e.g. *une chaise*

Nouns in English don't have genders, but in French
they do. It is important to learn the gender of each
new noun as you meet it.

2 Combien?

Travaillez à deux.

Exemple: 1

Il y a combien de ✏️✏️ ?

Il y a 3 crayons.

Stratégies

If you are not sure of the gender of a noun you can look it up
in the *Glossaire* at the end of your book.

Look up these words and see how the glossary lists the gender:

gomme   taille-crayon   ordinateur   chaise   baladeur

c'est anglais ou français?

Some words look the same in French and in English, but when you hear them you find that they sound very different.

Listen to the French pronunciation of these words:

1 France   5 article
2 Paris   6 solution
3 crayon   7 parent
4 table   8 sport

3 Qu'est-ce que c'est?

a Regarde les images. Écoute et écris les nombres.

Exemple: **4, ...**

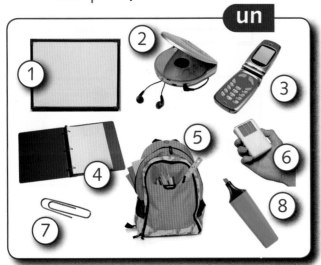

un

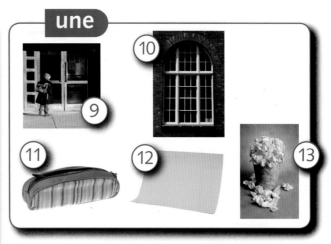

une

b Jouez à deux.

Exemple:

Je pense à quelque chose.

C'est une chaise?

Non. (Non, ce n'est pas ça.) ☓   ou   Oui, c'est ça. ✓

4 Au collège

Le cartable de Mathilde

Le sac de Thomas

plural

How do we usually make nouns plural in English? Can we usually hear the added letter?

To make nouns plural in French, we also add -s, but usually it is not pronounced.

un crayon → *deux crayons*

Listen now to the plural of the words listed below.

1 crayons   4 solutions
2 tables   5 parents
3 articles   6 sports

Can you hear the final -s?
a in French?   b in English?

a Copie les phrases correctes.

Exemple: **Dans le cartable de Mathilde, il y a quatre crayons, ...**

1 Il y a six crayons.
2 Il y a deux stylos.
3 Il y a une trousse.
4 Il y a trois livres.
5 Il y a un portable.
6 Il y a quatre règles.

b Copie et complète.

Exemple: **Dans le sac de Thomas, il y a un taille-crayon, ...**

1 Il y a ___ taille-crayon.
2 Il y a ___ classeurs.
3 Il y a cinq ___ .
4 Il y a une ___ .
5 Il y a quatre ___ .
6 Il y a ___ baladeur.

■ *practise classroom commands and vocabulary*
■ *practise some questions and answers*

1 Vocabulaire de classe

a Trouve les paires.

Exemple: 1C

1 Écoute.
2 Regardez.
3 Travaillez à deux.
4 Levez-vous.
5 Écris.
6 Répétez.
7 Comptez.
8 Asseyez-vous.

b Écris 1–8. Écoute et écris le bon numéro.

Exemple: 1H

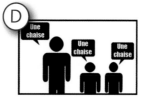
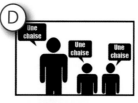

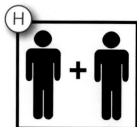

2 Complète les phrases

Exemple: 1 *Regardez le tableau interactif.*

1 Regardez le ___ .   2 Comptez les ___ .

3 Ouvre la ___ .   4 Ferme la ___ .

5 Écoutez le ___ .   6 Trouve un ___ .

7 Regarde le ___ .   8 Fermez le ___ .

Prononciation

la lettre 'i'

You can find this sound in a lot of words in this Unit. Practise recognising it and saying it correctly.

a Écris 1–6. Écoute et écris la lettre.

Exemple: 1a

a	dix	c	merci	e	il y a
b	unité	d	un bic	f	un stylo

b Prononce ces mots. Écoute et vérifie.

six   écris   livre   dis   oui   fille

c Here's a silly sentence to help you remember this sound.

Minnie la souris lit dix livres à Paris.

3 Trouve la question

Here are some answers – can you match them up with the questions?

Exemple: 1c

Les réponses		Les questions	
1 Je m'appelle Alex.	4 C'est un crayon.	a Qu'est-ce que c'est?	d Qui est-ce?
2 Ça va bien, merci.	5 C'est Coralie.	b C'est un livre?	e Ça va?
3 J'ai douze ans.	6 Oui, c'est un livre.	c Comment t'appelles-tu?	f Quel âge as-tu?

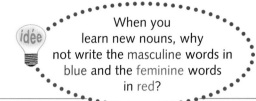

idée

When you learn new nouns, why not write the masculine words in blue and the feminine words in red?

🖱 SOMMAIRE

Now I can ...

■ say hello and give my name

> **Bonjour! Je m'appelle Lynda.**
>> Hello. I'm called Lynda.

> **Comment t'appelles-tu?**
>> What are you called?

> **Salut Lynda! Je m'appelle Alain.**
>> Hi Lynda! I'm called Alain.

■ give my age

> **Quel âge as-tu?**
>> How old are you?

> **J'ai quatorze ans.**
>> I'm 14.

■ ask people how they are and say how I am too

> **Ça va?**
>> How are you? Okay?

> ☺ **Ça va bien, merci.**
>> Fine, thank you.

> 😕 **Comme ci comme ça.**
>> So-so/Not bad.

> ☹ **Non, pas très bien.**
>> No, not so good.

■ recognise masculine and feminine words

un livre   *une table*

■ make words plural

un cahier ➝ *des cahier**s***
une trousse ➝ *des trousse**s***

■ name things in the classroom

masculine words

un baladeur	personal CD player
un bic	biro
un cahier	exercise book
un cartable	schoolbag, satchel
un CD(-ROM)	CD(-ROM)
un classeur	file
un crayon	pencil
un feutre	felt-tip pen
un lecteur CD/MP3	CD/MP3 player
un livre	book
un ordinateur (portable)	computer (lap-top)
un portable	mobile phone
un sac (à dos)	bag (backpack)
un stylo	pen
un tableau interactif	interactive whiteboard
un taille-crayon	pencil sharpener
un trombone	paper clip

feminine words

une boîte	box/tin
une calculatrice	calculator
une chaise	chair
une fenêtre	window
une feuille de papier	sheet of paper
une gomme	rubber
une porte	door
une poubelle	bin
une règle	ruler
une table	table
une trousse	pencil case

■ understand classroom commands

Asseyez-vous.	Sit down.
Complète ... /Complétez ...	Complete ... /Fill in ...
Compte ... /Comptez ...	Count ...
Copie ... /Copiez ...	Copy ...
Écoute ... /Écoutez ...	Listen ...
Écris ... /Écrivez ...	Write ...
Ferme ... /Fermez ...	Close ...
Jouez à deux.	Play in pairs.
Levez-vous.	Stand up.
Ouvre ... /Ouvrez ...	Open.
Regarde ... /Regardez ...	Look (at).
Répétez.	Repeat.
Réponds ...	Reply.
Travaillez à deux	Work in pairs.
Trouve ...	Find.

unité 2
J'habite ici

- *understand people saying where they live*
- *learn how to say 'in' a place*

1 J'habite en France

Écoute et lis.

J'habite à Paris. C'est fantastique!

③ M. Lebrun

Moi, j'habite ici, en Normandie.
J'habite dans une ferme, près
de Trouville.

Nicolas

⑤

Moi, j'habite à La Rochelle. C'est
un port en France.

Trouville
Lille
Strasbourg
Paris
Île de Ré — La Rochelle
Grenoble
Nice

⑦ Julie

Moi, j'habite ici, à l'Île de Ré.
C'est une île près de La Rochelle.

⑧ Jean-Pierre

Moi, j'habite à Nice.
C'est super!

Camille

Moi, j'habite à Lille.
J'habite dans un appartement en ville.

Mme Dumas

J'habite ici, à Strasbourg, avec ma famille.
J'habite dans une maison en ville.

Maxime

Moi, j'habite dans un village, à la montagne.
C'est dans les Alpes, près de Grenoble.

Stratégies

using clues

1 You can often work out most of what someone is saying without understanding every single word. Listen for words and phrases you **do** recognise.

2 Some words are easy to guess because they are like English ones (e.g. *super, fantastique, moderne, important(e), village, port, appartement*).

2 Vrai ou faux?

Lis les phrases 1–10. Vrai ou faux?

Exemple: 1 *vrai*

1 Paris est en France.
2 Strasbourg est une ville en France.
3 La Rochelle est un port en France.
4 Lille est un village à la montagne.
5 M. Lebrun habite dans un appartement.
6 Mme Dumas habite dans une ferme près de Trouville.
7 L'Île de Ré est près de La Rochelle.
8 Maxime habite près de Grenoble.
9 Nicolas habite dans un port.
10 Nice est une ville en Angleterre.

M. = Monsieur
Mme = Madame

Dossier-langue

In French there are several ways of saying 'in'.
Which do you use when talking about where people live?
Work it out and complete the rules below.
Here are some clues:

J'habite à La Rochelle en France.
Lucas habite à Paris.
Lucas habite dans un appartement.
Mme Dumas habite dans une maison.
M. Lebrun habite dans une ferme, dans un village.

The rules!
How to say 'in'.

1 Before the **name of a city, town or village** use ...
2 Before the **name of a country** use ...
3 Before the **kind of accommodation or location** use ...

Well done! Use these rules in the activities on pages 14 and 15.
Why not make a note of this to help you in future?

- *say where you live*
- *ask someone where they live*
- *use numbers up to 30*

1 Écris des phrases complètes

Exemple: 1 *J'habite à Cherbourg.*

 1 J'habite

 **2** J'habite dans

 **3** J'habite dans

 **4** J'habite dans

 **5** J'habite

 **6** J'habite dans

 **7** J'habite dans

 8 J'habite

a une ferme.	**c** un appartement.	**e** près de Toulouse.	**g** en France.
b à Cherbourg.	**d** une ville.	**f** une maison.	**h** un village.

Dossier-langue

Tu habites en France means 'You live in France.'
Où habites-tu? asks the question 'Where do you live?'.

What has happened to change this from a statement into a question?
Look at the word order. What has been added?

2 Et toi? Où habites-tu?

 Écoute et lis.

À deux, inventez des conversations. Changez les mots en couleurs.

Exemple:

Où habites-tu?

Moi, j'habite dans un village, près de Leeds.

J'habite à Wakefield. Et toi, où habites-tu?

J'habite dans (+ house, flat or farm).
J'habite près de (+ name of city, town or village).

J'habite à (+ name of city, town or village).
J'habite en/au (+ country).

Pour t'aider

J'habite	à près de	Paris		Écosse.
		Glasgow		Angleterre.
		Londres	en	Irlande (du Nord).
		Dublin		France.
		Belfast		
		Cardiff	au	pays de Galles.

Attention!
Wales is different.
'in Wales' = *au pays de Galles.*
Exemple: *Swansea est au pays de Galles.*
J'habite à Ammanford, au pays de Galles.

3 Qui habite où?

Écoute et trouve les paires.

Exemple: 1 Olivier 7

1 Olivier   5 Sébastien
2 Coralie   6 M. Garnier
3 Magali   7 Jean-Marc
4 Loïc   8 Isabelle

4 C'est moi!

a Trouve les paires.

Exemple: 1b

1 Je m'appelle   a douze ans.
2 J'ai   b Sonia Charbonnier.
3 J'habite   c une ville en France.
4 Ma maison est dans   d de La Rochelle.
5 Le village est près   e dans une maison.
6 La Rochelle est   f un petit village.

b Écris des phrases complètes.

Exemple: 1 *Je m'appelle Sonia Charbonnier.*

Stratégies

The word for 'I' is usually *je*, but sometimes shortened to *j'*. Can you work out why?

When you use *j'* before a vowel or an 'h' the whole thing sounds like one word.

Exemple: *J'habite à Paris.*

Should you use *Je* or *J'* in these phrases?

1 ____ m'appelle Julie.
2 ____ ai douze ans.
3 ____ écoute des CD.
4 ____ regarde la télévision.

5 Inventez des conversations

- *learn the days of the week*
- *spell words using the French alphabet*

 1   La semaine de Lou

a   Écoute et lis.

lundi

mardi

mercredi

Voici Lou Leroux. Il est reporter à Télé-France. Il voyage beaucoup.

Lundi, il est dans un village en Écosse.

Mardi, il est à Londres, en Angleterre.

Mercredi, il est au pays de Galles.

jeudi

vendredi

samedi

dimanche

Jeudi, Lou est à Belfast, en Irlande du Nord.

Vendredi, il est dans une ferme à la montagne, en France.

Samedi, Lou est à Paris.

Lou est à la maison. Ouf!! Lou adore le dimanche!

b   Trouve les cinq phrases qui sont vraies.

Exemple: *1, ...*

1 Lundi, Lou est dans un village.
2 Mercredi, Lou est en France.
3 Samedi, Lou est dans une ville en France.
4 Vendredi, Lou est dans une ferme, au pays de Galles.

5 Mardi, Lou est en Angleterre.
6 Jeudi, Lou est en Irlande.
7 Samedi, Lou est près de la tour de Londres.
8 Lou adore le dimanche.

Stratégies

Comment ça se dit?
How do you say this?

Comment dit-on [...] en français/anglais?
What's the French/ English for [...]?

 2   Comment ça s'écrit?

 Inventez des conversations.

Comment t'appelles-tu?

Je m'appelle Jack.

Comment ça s'écrit?

J-A-C-K. Et toi? Comment t'appelles-tu?

Je m'appelle Sophie.

Comment ça s'écrit?

S-O-P-H-I-E.

3   Comment ça se dit?

Écris 1–4. Écoute. C'est quelle image?
Exemple: **1D**

 A

 B

 C

 D

Prononciation

 l'alphabet

It can be tricky to remember the way the French say some of the letters of the alphabet, e.g.

e i g j h v w

Think of some ways to jog your memory, e.g.

'i' and 'j' rhyme as in *Fiji*

'g' begins the French word *génie*

'h' sounds like the French word for axe which is *hache*

'w' is pronounced *double v* in French, not 'double u'. Think of VW cars. Both letters rhyme in French.

la lettre 'é' (e with an acute accent)

An acute accent is very common in French words. It shows how the letter is pronounced.

a Écris 1–6. Écoute et écris les lettres.

Exemple: 1c

a écoute   **c** détail   **e** école

b cinéma   **d** énorme   **f** éléphant

b Prononce ces mots. Écoute et vérifie.

Écosse écris télévision réponds téléphone

If you are spelling a word aloud in French and you need the 'é', you say *'e accent aigu'*.

Find out how to write 'é' on a computer.

Find words in this Unit which include 'é'.

idée Practise saying the day in French every day (including the weekend) for the next month.

 SOMMAIRE

Now I can ...

■ talk about where people live

Où habites-tu? (Tu habites où?)	Where do you live?
J'habite ...	I live ...
dans une maison	in a house
dans un appartement	in a flat
dans une ferme	on a farm
dans un port	in a port
dans une ville	in a town
dans un village	in a village
à la maison	at home
à la montagne	in the mountains
à Londres	in London
près de Paris	near Paris
en France	in France
en Angleterre	in England
en Écosse	in Scotland
en Irlande (du Nord)	in (Northern) Ireland
au pays de Galles	in Wales

■ use the days of the week

Quel jour sommes-nous?	What day/date is it?

les jours de la semaine	days of the week
lundi	Monday
mardi	Tuesday
mercredi	Wednesday
jeudi	Thursday
vendredi	Friday
samedi	Saturday
dimanche	Sunday

■ count up to 30

0	zéro	16	seize
1	un	17	dix-sept
2	deux	18	dix-huit
3	trois	19	dix-neuf
4	quatre	20	vingt
5	cinq	21	vingt et un
6	six	22	vingt-deux
7	sept	23	vingt-trois
8	huit	24	vingt-quatre
9	neuf	25	vingt-cinq
10	dix	26	vingt-six
11	onze	27	vingt-sept
12	douze	28	vingt-huit
13	treize	29	vingt-neuf
14	quatorze	30	trente
15	quinze		

■ use the French alphabet
■ ask how you say something and how it's spelt

Comment ça s'écrit?	How do you spell that? How's it written?
Comment dit-on [...] en français?	What's the French for [...]?
Comment dit-on [...] en anglais?	What's the English for [...]?

unité 3
Chez moi

3A | Ma famille

- talk about your family
- practise saying 'the' and 'a'
- use parts of the verb *avoir* (to have)

> Je m'appelle Thomas Laurent et j'ai douze ans. Dans ma famille, il y a cinq personnes: mes parents et trois enfants.

1 Ma famille
Écoute et lis.

> Voici mon frère. Il s'appelle Daniel et il a dix ans.

> Je m'appelle Louise et je suis la sœur de Thomas et Daniel.

> Voici ma sœur. Elle a quatorze ans.

> Voici ma mère, Madame Claire Laurent.

> Voici mon père, Monsieur Jean-Pierre Laurent.

2 Qui est-ce?
Regarde le texte, lis les phrases et écris les noms.

Exemple: 1 *C'est Thomas.*

1 J'ai douze ans.
2 J'ai quatorze ans et j'ai deux frères.
3 J'ai une sœur et un frère et j'ai dix ans.
4 Je suis le père et j'ai trois enfants.

5 Je suis la fille de M. et Mme Laurent.
6 Je suis la mère. J'ai deux fils et une fille.
7 C'est le père de famille.
8 C'est la sœur de Daniel.

3 La famille Laurent
Complète la description avec les mots de la case.

| fille frères père fils |
| famille sœur mère |

Exemple: 1 *M. Laurent est le père.*

1 M. Laurent est le ___ .
2 Mme Laurent est la ___ .
3 Il y a trois enfants dans la ___ Laurent.
4 Il y a deux garçons et une ___ .

5 Thomas et Daniel sont les ___ de M. et Mme Laurent.
6 Thomas et Daniel sont les ___ de Louise.
7 Louise est la ___ de Daniel et Thomas.

Prononciation

1 Which three words in the box rhyme with each other?
2 Which of these three words is plural?
3 Do you sound the final consonant on that word?
4 Is this the same in French and in English?

5 Say these pairs of words aloud. Which of them rhyme?

a moi   trois   d je   j'ai
b deux   des   e garçon sont
c fils   fille

masculine and feminine

Before a masculine word ...
- use *un* for 'a', e.g. **un garçon   un livre**
- use *le* for 'the', e.g. **le garçon   le livre**

Use *il* to say 'he' or 'it'.

Before a feminine word ...
- use *une* for 'a', e.g. **une fille   une règle**
- use *la* for 'the', e.g. **la fille   la règle**

Use *elle* to say 'she' or 'it'.

4 Une grande famille

Regarde et lis.

> Tu as des frères et sœurs?

> Ah, oui! J'ai une grande famille.

> J'ai quatre sœurs et trois frères ... Voilà mes sœurs.

> Ah, c'est ton petit frère, hein?

> Non, c'est moi!

| un demi-frère | *half brother* | un beau-père | *stepfather* |
| une demi-sœur | *half sister* | une belle-mère | *stepmother* |

5 Trois familles

a Écoute et lis.

1
- – Talia, tu as des frères et sœurs?
- – Non, je suis fille unique.
- – Tu as des cousins?
- – Oui, j'ai une cousine, Delphine et un cousin, Nicolas.

2
- – Et toi, Simon, as-tu des frères et sœurs?
- – Non, je suis fils unique.
- – Et tu habites avec ta grand-mère et ton grand-père, c'est ça?
- – Oui, j'habite avec mon père et mes grands-parents.

3
- – Et toi, Alice. Tu es fille unique aussi?
- – Non, non. Dans ma famille, il y a ma mère, mon beau-père et aussi mon demi-frère, David, et ma demi-sœur, Erika. Ils sont fantastiques!

b Vrai ou faux?

Exemple: **1** *faux*

1 Talia a un frère.
2 Simon a deux sœurs et une belle-mère.
3 Alice a un demi-frère, David.
4 Talia est fille unique.
5 Simon a un demi-frère
6 Alice est fille unique.
7 Simon a des grands-parents.
8 Simon est fils unique.
9 David a une sœur, Erika, et une demi-sœur, Alice.
10 Talia a une cousine.

In this Unit you have met all the singular parts of the verb **avoir** (to have).

Complète.

1 ___ I have		**5** Mon frère ___ dix ans.	
2 ___ you have		**6** Et toi, tu ___ quel âge?	
3 ___ he has		**7** J'___ douze ans.	
4 ___ she has		**8** ___ treize ans.	

To say your age use the verb **avoir**.

In French, you say you 'have' ... years.

la lettre 'è'

Sometimes the letter 'e' has a grave accent (**un accent grave**).

 Prononce ces mots. Écoute et vérifie.

père   très   après   chère

A grave accent is sometimes used with other vowels but it doesn't change the pronunciation. It distinguishes two different meanings, e.g. **à** (*to, at*), **a** (part of **avoir**), **où** (*where*), **ou** (*or*).

3B | C'est à qui?

- use the words for 'my' and 'your'
- say who things belong to

Dossier-langue

how to say 'my' and 'your'

There are three different words for 'my':
mon, ma and *mes*

and three words for 'your': *ton, ta* and *tes*.

Can you work out the rule for which word to use?

Here are some clues:

> Tu habites avec *tes* parents, *ton* frère et *ta* sœur?

> Oui, c'est ça. J'habite avec *mes* parents, *mon* frère Alain et *ma* sœur Alice.

Here's the rule:

1

	masculine	feminine	plural (m or f)
my	*mon*	*ma*	*mes*
your	*ton*	*ta*	*tes*

2 The correct word for 'my' or 'your' matches the word which follows it.

If the singular word begins with a vowel (a, e, i, o or u), use *mon* for 'my', *ton* for 'your', even if the word is feminine, e.g.

un ami	male friend	*une amie*	female friend
mon ami	my friend	*mon amie*	my friend
ton ami	your friend	*ton amie*	your friend

1 La famille Corpuscule

Complète la description de la famille avec **mon**, **ma** ou **mes**.

Exemple: **1 Ma**

> Je suis Désastre Corpuscule. Voici ma famille.

1 ____ sœur s'appelle Enferina.

> Voici ____ chat. Il s'appelle Drak.

2 Voici ____ parents.

3 ____ père s'appelle Tombô.
Voici ____ ordinateur.

4 ____ mère s'appelle Draculine.
Voici ____ souris. Elle s'appelle Fantôme.

5 J'habite avec ____ parents et ____ sœur dans le château Corpuscule.

2 Tu as tes affaires?

Complète les questions et les réponses.

Exemple: **1 ta; ma**

1 Tu as ____ trousse?
2 Tu as ____ règle?
3 Tu as ____ cahiers?
4 Tu as ____ crayons?
5 Tu as ____ iPod?
6 Tu as ____ stylo?
7 Tu as ____ gomme?
8 Et tu as ____ sac?

1 Oui, voici ____ trousse.
2 Oui, voici ____ règle.
3 Oui, voici ____ cahiers.
4 Oui, voici ____ crayons.
5 Oui, voici ____ iPod.
6 Oui, voici ____ stylo.
7 Oui, voici ____ gomme.
8 Oh non! Zut! Où est ____ sac?

Stratégies

Colour coding

To help you learn the gender of nouns, remember to use colours. You could write or highlight masculine nouns in blue and feminine nouns in red.

4 Dani

Écoute et lis.

une copine = une amie

5 Dani et son frère

Choisis la bonne phrase.

Exemple: **1b**

1

a C'est le baladeur de Dani.
b C'est le baladeur de son frère.

2

a C'est le sac à dos de Dani.
b C'est le sac à dos de son frère.

3

a C'est le livre de Dani.
b C'est le livre de Louis.

4

a C'est le vélo de Louis.
b C'est le vélo de Dani.

5

a C'est le t-shirt de Dani.
b C'est le t-shirt de son frère.

6

a C'est la copine de Dani.
b C'est la copine de son frère.

Dossier-langue

Most things in this cartoon belong to Dani's brother.

Which three words does Dani use to say 'my brother's ...'?

Which of these words means 'of'?

de is a key word when saying who something belongs to in French.

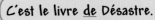

C'est le livre <u>de</u> Désastre.

C'est le dragon <u>d'</u>Enferina.

Why has **de** changed to **d'**?

son frère   *his brother*

- **use parts of the verb être (to be)**
- **talk about your home**

1 Un message d'Yvan

a Lis le message d'Yvan.

Salut! Je suis ton correspondant français. Je m'appelle Yvan. Je suis fils unique, mais j'ai beaucoup d'amis. Et toi, tu as des frères et sœurs?

Moi, je suis très sportif. Et toi, tu es sportif aussi? Mon ami, Lou, n'est pas sportif, mais il adore la musique. Ma copine, Delphine, aime la musique aussi. Elle écoute tout le temps son baladeur.

Réponds vite!

Yvan

Dossier-langue

être (to be)

In this Unit you use all the singular parts of a very important French verb – **être** (to be).

Match the French with the English.

être	to be
je suis	a you are
tu es	b she (or it) is
il est	c he (or it) is
elle est	d I am

Watch out for these four parts as you work through the next activities.

Stratégies

moi et toi

Use these little words for emphasis – **moi** (me, I) and **toi** (you). Look how they are used in Yvan's email. Now try adding them to these sentences:

a Jai douze ans. **b** Tu es fantastique.
c Je suis fils unique. **d** Tu as une sœur?

b Vrai ou faux?

1 Yvan a un frère.
2 Yvan est sportif.
3 Lou est un ami d'Yvan..
4 L'amie d'Yvan s'appelle Lou.
5 Lou est très sportif.
6 La copine d'Yvan aime la musique.
7 Delphine a un baladeur
8 La sœur d'Yvan s'appelle Delphine.

2 Un message de Karine

Complète le message.

3 Salut!

Réponds à Yvan ou à Karine.

Salut! Je _____ ta correspondante française. Je m'appelle Karine. J'ai un frère, Benjamin. Il _____ amusant. J'ai aussi une demi-sœur, Clara. Elle _____ fantastique!

Et toi, as-tu des frères et sœurs? _____-tu sportive comme moi?

Réponds vite!

Karine

Prononciation

est (is), et (and)

Both these words are often used.

How different do they sound? Is each word always pronounced the same way?

Écris 1–8. Écoute les phrases. Écris **est** ou **et**.

Exemple: **1 et**

Salut! Je _____ ton/ta correspondant(e) et je m'appelle _____ .

Je (ne) _____ (pas) fils/fille unique. Je (ne) _____ (pas) très sportif (sportive).

J'ai un(e) ami(e). Il/Elle s'appelle _____ . Il/Elle _____ amusant(e).

Réponds vite!

_____

4 La maison de la famille Laurent

a Regarde le plan de la maison, écoute et lis la description.

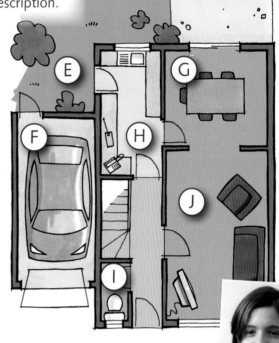

b C'est où?

Exemple: **1J**

1 le salon

2 la salle à manger

3 la cuisine

4 les toilettes

5 la chambre de M. et Mme Laurent

6 la chambre de Thomas et Daniel

7 la chambre de Louise

8 la salle de bains

9 le jardin

10 le garage

Je suis Louise Laurent.

Voici notre maison et notre jardin.

Et voici le garage.

Dans la maison, il y a huit pièces: le salon, la salle à manger, la cuisine, les toilettes, la salle de bains et trois chambres.

Dans la chambre de mes parents, il y a un lit et un lecteur CD.

Dans la chambre de Thomas et Daniel, il y a deux lits, une console de jeux et toutes les affaires de mes frères.

Il y a une télévision dans le salon et aussi dans la chambre de mes parents et de mes frères.

Il y a aussi un téléphone dans la chambre de Maman et Papa.

Dans la salle à manger, il y a une table et cinq chaises.

Dans la cuisine, il y a une radio et un téléphone.

Dans ma chambre, il y a mon lecteur CD, mon ordinateur et, regardez, sur mon lit, il y a mon chat Mimi!

5 Les pièces

Trouve les paires.

Exemple: **1b**

1 Dans la maison, …

2 Il y a un téléphone …

3 Le chat est …

4 Dans la salle à manger, …

5 Dans la chambre de Louise, …

6 Les jeux vidéo sont …

7 Dans le salon, …

8 Dans la chambre de M. et Mme Laurent, …

9 Dans la cuisine, …

10 Dans la chambre de Thomas et Daniel, …

a dans la chambre de Thomas et Daniel.

b il y a huit pièces.

c il y a un lecteur CD et un téléphone.

d il y a une télévision.

e il y a un lecteur CD et un ordinateur.

f il y a une radio et un téléphone.

g dans la chambre de Louise.

h il y a cinq chaises et une table.

i dans la chambre de M. et Mme Laurent et dans la cuisine.

j il y a deux lits, une console de jeux et une télévision.

- use prepositions to say where things are
- learn more about masculine and feminine
- practise the sounds 'ou' and 'u'

1 Notre chambre

Écoute et lis.

> Je suis Thomas Laurent, et Daniel est mon petit frère.
> Voici notre chambre et voici notre console, avec les jeux vidéo et les manettes.
> Voici mes affaires. Mes livres sont sur la table et mes crayons sont dans la boîte.
> Mon stylo est sur le cahier et mes classeurs sont sous la table.
> Et voilà mon baladeur.

> Et voici les affaires de mon frère Daniel.
> Où est le sac à dos? Ah oui, il est sur le lit!
> Dans le sac, il y a une règle et des livres.
> Et qu'est-ce qu'il y a sous le lit? Voilà!
> Le baladeur de Daniel est sous le lit.
> Et voici la trousse de Daniel: elle est sur la chaise.
> Et qu'est-ce qu'il y a dans la trousse? Regardez!
> Il y a une gomme dans la trousse, mais les crayons et le stylo sont sous la chaise!

2 Dans la chambre

Complète les phrases avec **sous**, **sur** ou **dans**.

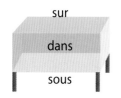

sur

dans

sous

Exemple: **1 *dans***

1 La télévision est ____ la chambre.
2 Où est le sac à dos?
   Il est ____ le lit de Daniel.
3 Et où est la gomme de Daniel?
   Elle est ____ la trousse.
4 Et la trousse est ____ la chaise.

5 Les crayons de Thomas sont ____ la boîte et la boîte est ____ la table.
6 La règle de Daniel est ____ le sac.
7 Où est le baladeur de Daniel?
   Il est ____ le lit.
8 Et où est le baladeur de Thomas?
   Il est ____ la chaise.

Prononciation

Suzanne et Suzette Souris

sur (in) and **sous** (under) are common prepositions.

Make sure you pronounce them clearly to avoid confusion.

Practise the sounds 'ou' and 'u' with this cartoon 'tongue-twister'.

Écoute et répète.

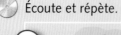

Suzanne Souris est sur la boîte. La boîte est sur la table.

Voici sa sœur, Suzette Souris. Suzette est amusante.

La boîte est sous la table. Suzanne et Suzette Souris sont aussi sous la table.

Dossier-langue

masculine and feminine

All nouns in French are either masculine or feminine. You can often tell if a word is masculine or feminine because of the word which goes in front of it, e.g.

masculine	feminine
Mon frère a un chat.	Voici la radio de ta sœur.

Complète le tableau.

	masculine	feminine	beginning with vowel
a (or an)	un	___	un/une
the	___	la	l'
my	mon	___	mon
your	ton	ta	___

The French for 'he' is **il**.
The French for 'she' is **elle**.
But **il** and **elle** can also mean 'it', e.g.

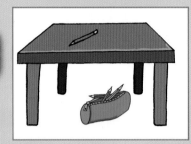

Où est le crayon?	Where is the pencil?
Il est sur la table.	It is on the table.
Et voici la trousse.	And here is the pencil case.
Elle est sous la table.	It is under the table.

3 Masculin ou féminin?

Fais deux listes en français et en anglais.

Exemple:

masculin		féminin	
français	anglais	français	anglais
un livre	a book	ta gomme	your rubber

un livre   ta gomme   un crayon
ma calculatrice   ton ami
un ordinateur   le cartable
ta chaise   le baladeur   l'amie
mon grand-père   une table

4 Où est ... ?

Trouve les paires.

Exemple: 1c

a Elle est sous la table.
b Il est dans le jardin.
c Il est sur la table.
d Il est sous le lit.
e Elle est sur le lit.
f Il est dans le dragon.
g Elle est dans le jardin.
h Il est sur la chaise.

1 Où est le chat?

2 Où est Enferina?

3 Où est l'ordinateur de Tombô?

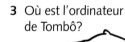

4 Où est le château de la famille Corpuscule?

5 Où est Draculine (la mère)?

6 Où est la souris?

7 Où est le dragon d'Enferina?

8 Mais où est le baladeur de Désastre?

5 Ma chambre

Écris 2–6 phrases sur ta chambre.

Exemple: *Dans ma chambre, ... il y a des jeux vidéo. Ma radio est sur la table.*

■ *learn and practise the numbers up to 70*
■ *practise language you have learnt in this Unit*

1 C'est quel nombre?

Écris 1–6. Écoute et écris **a** ou **b**. Note aussi le nombre.

Exemple: 1a *30*

1	**a** trente	**b**	quarante
2	**a** soixante	**b**	cinquante
3	**a** vingt et un	**b**	trente et un
4	**a** quarante-six	**b**	soixante-dix
5	**a** cinquante-neuf	**b**	quarante-neuf
6	**a** seize	**b**	treize

> **Stratégies**
>
> You have met a lot of new words in this Unit. Why not start writing your own vocabulary book, building it up with every Unit? You could organise it in topics, e.g.
>
> *Ma famille Ma maison Ma chambre*
>
> Keep masculine and feminine words in different lists or colour code them blue and red.

2 Les nombres

Écris le nombre qui manque.

Exemple: 1 *vingt-huit*

1 vingt-six, vingt-sept, ____ , vingt-neuf

2 soixante et un, ____ , soixante-trois, soixante-quatre

3 quarante-deux, quarante-trois, ____ , quarante-cinq

4 treize, ____ , quinze, seize, dix-sept

5 quarante-neuf, ____ , cinquante et un, cinquante-deux

6 trente-deux, trente-trois, trente-quatre, ____

> **Stratégies**
>
> How many numbers between 1 and 70 contain the word *dix*?
>
> How many contain the word *un*?
>
> How many contain *et*?

3 Complète les listes

Écoute et vérifie tes réponses.

Exemple: 1 dix, huit, six, *quatre*

1 dix, huit, six, ____

2 quatre, huit, douze, ____

3 cinq, dix, ____ , vingt

4 dix, vingt, ____ , quarante

5 vingt-deux, trente-trois, quarante-quatre, ____

6 soixante-dix, ____ , cinquante, quarante

7 vingt et un, ____ , quarante et un, cinquante et un

8 soixante-cinq, soixante, cinquante-cinq, ____

4 Ma maison

Écris une description de ta maison ou de ton appartement (avec une photo ou un dessin, si possible).

Ensuite, présente ta description à la classe.

Exemple:

J'habite 65 Gasworks Street.
Dans ma maison, il y a ____ pièces: le salon, ____ chambre(s), la cuisine et ____ .
Dans la chambre de (mes parents/mon frère/ma sœur), il y a un lit et ____ .
Il y a une télévision dans ____ .
Mon ordinateur est dans ____ .

idée As you move around your home, try to think of the French name for the room you are in, e.g. *Je suis dans ma chambre/dans la cuisine* (etc.).

✎ SOMMAIRE

Now I can ...

■ ask about someone's family

Tu as des frères et sœurs?	Have you any brothers and sisters?
Tu as des grands-parents?	Have you any grandparents?

■ talk about my family

ma famille	my family
J'ai un père	I have a father
une mère	a mother
un beau-père	a stepfather
une belle-mère	a stepmother
une sœur	a sister
deux sœurs	two sisters
un frère	a brother
trois frères	three brothers
un demi-frère	a stepbrother, half brother
une demi-sœur	a stepsister, half sister
un(e) cousin(e)	a cousin
un grand-père	a grandfather
une grand-mère	a grandmother
des parents	parents
des grands-parents	grandparents
Je suis fils unique	I am an only son
fille unique	an only daughter
enfant unique	an only child
l'ami(e) de ...	the friend of ...

■ say where things are

dans	in, inside
sur	on, on top of
sous	under, underneath

■ talk about my home

Dans ma maison, il y a ...	In my house there is/are ...
la salle à manger	the dining room
le salon	the lounge/sitting room
la cuisine	the kitchen
la salle de bains	the bathroom
la chambre	the bedroom
les toilettes	the toilet
le garage	the garage
le jardin	the garden
un lit	a bed

■ ask and give information about people and places

Il/Elle s'appelle comment?	What is he/she called?
Il/Elle s'appelle ...	He/She is called ...
Il/Elle a quel âge?	How old is he/she?
Il/Elle a ... ans.	He/She is ... years old.
Il/Elle habite où?	Where does he/she live?
Il/Elle habite à ...	He/She lives in ...
Qui est-ce?	Who's that?/Who is it?
C'est ...	It's ...
Il/Elle est amusant(e).	He/She is amusing.
sportif (sportive).	sporty.

■ say who things belong to

C'est l'ordinateur d'Alice.	It's Alice's computer.
C'est le frère de Dani.	It's Dani's brother.

■ recognise masculine and feminine words (see page 19)

■ use the correct words for 'he', 'she', 'it' (see page 19)

■ use mon, ma, mes ('my') and ton, ta, tes ('your') (see page 20)

■ recognise and use the singular form of the verb être (see page 22)

■ count up to 70

20 *vingt*
21 *vingt et un*
22 *vingt-deux*
23 *vingt-trois*
30 *trente*
31 *trente et un*
32 *trente-deux*
33 *trente-trois*
40 *quarante*
50 *cinquante*
60 *soixante*
70 *soixante-dix*

1 Deux conversations

Copie les conversations dans l'ordre.

1

– Bonjour, Marc.
– ___
– ___
– ___

> – Ça va, merci.
> – Bonjour, Suzanne, ça va?
> – ~~Bonjour, Marc.~~
> – Oui, ça va bien, merci, et toi?

2

– Bonjour, Lucie.
– ___
– ___
– ___

> – ~~Bonjour, Lucie.~~
> – Oui, ça va bien, merci, et toi?
> – Bonjour, David, ça va?
> – Au revoir, Lucie.
> – Non, pas très bien. Au revoir, David.

2 Masculin, féminin

Écris deux listes.

Exemple:

masculin	féminin
	elle

ellefillefrèregarçonillalemamèremonpèresœurtatonunune

3 Un multi-quiz

Choisis la bonne réponse.

Exemple: **1c**

En France

1 La Rochelle est
   a un village.
   b une région.
   c une ville.

2 Dans une maison française, le lit est souvent dans
   a la cuisine.
   b la chambre.
   c le salon.

3 Les Alpes sont
   a des montagnes en France.
   b des montagnes en Écosse.
   c des montagnes au pays de Galles.

Au collège

4 Mes affaires sont dans
   a un cartable.
   b un ordinateur.
   c un baladeur.

5 Je range mes crayons dans
   a un classeur.
   b une trousse.
   c un cahier.

6 Dans ma classe au collège, il y a trente
   a professeurs.
   b magasins.
   c élèves.

En famille

7 Je suis un garçon. Je suis l'enfant de ta mère et de ton père. Alors, je suis
   a ton cousin.
   b ton demi-frère.
   c ton frère.

8 Tu n'as pas de frères et tu n'as pas de sœurs. Tu es
   a un enfant extraordinaire.
   b un enfant fantastique.
   c enfant unique.

Résultats du multi-quiz

Compte un point pour chaque réponse correcte.

6 à 8 points	Fantastique! Tu es un génie.
4 à 5 points	Très bien. Tu as une très bonne mémoire!
2 à 3 points	Un peu plus de concentration, s'il te plaît!
0 à 1 point	Vite! Au travail!

4 Le jeu des images

Trouve les paires.

Exemple: 1B

1 Comptez.

2 Chantez.

3 Viens ici!

4 Jouez à deux!

5 Dans la boîte, il y a un crayon, une règle et un stylo.

6 La radio est sur la table.

7 La radio est sous la table.

8 Il y a deux crayons et une règle dans la boîte.

9 Voici une ville. C'est près de Paris.

10 Voici un village. C'est près de Bordeaux.

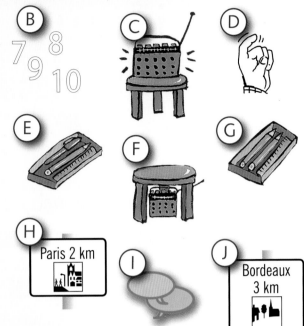

5 Des descriptions

Copie et complète les phrases.

Exemple: 1 *Dans la cuisine, il y a une <u>table</u>, une ...*

1

Dans la cuisine, il y a une ___ , une ___ et un ___ .

2

Dans une rue, il y a des ___ et ___ .

3

 Voici une grande ___ . Dans la famille, il y a une f___ , quatre g___ et deux p___ . L___ fille s'appelle Caroline. Elle a cinq a___ .

6 Les petits mots

Complète les phrases.

Exemple: 1 *une*

a Dans ton sac, il y a (**1** *a*) ___ calculatrice, (**2** *a*) ___ gomme, (**3** *your*) ___ stylo, (**4** *your*) ___ trousse et (**5** *the*) ___ crayon de (**6** *your*) ___ frère.

b Dans notre famille, il y a (**7** *my*) ___ sœur, (**8** *my*) ___ demi-frère Martin, (**9** *my*) ___ mère et (**10** *my*) ___ père. Il y a aussi (**11** *the*) ___ chat de Martin qui habite avec nous.

7 Questions et réponses

Écris tes réponses.

Exemple: 1 *Je m'appelle Richard/Suzanne.*

1 Comment t'appelles-tu?   Je ...

2 Quel âge as-tu?   J'ai ...

3 Où habites-tu?   J'habite ...

4 Tu as des frères et sœurs?   ...

5 Quel jour sommes-nous?   C'est ...

6 Où est le livre?   Il est ...

7 Où est la gomme?   Elle est ...

8 Où est le crayon?   ...

9 Qu'est-ce que c'est?   C'est ...

10 C'est le chat d'Enferina?   Oui/Non, c'est ...

unité 4
Les animaux

- *talk about pets*
- *learn adjectives to describe colour and size*

1 Grand Concours National

Trouve les paires.

Exemple: **1C**

GRAND CONCOURS NATIONAL

Voici les 8 finalistes.

1 Le gros chien s'appelle Samba.

2 La petite souris blanche s'appelle Minnie.

3 Le petit hamster brun s'appelle Flic.

4 Le lapin noir et blanc s'appelle Carotte.

5 Le cochon d'Inde s'appelle Dodu.

6 Le chat s'appelle Tally et la chatte s'appelle Lily.

7 L'oiseau bleu, vert et jaune s'appelle Fifi. C'est une perruche.

8 Le poisson bleu, blanc et rouge s'appelle Tricolore.

2 Vote, vote, vote!

a Tu préfères quel animal?   **b** Écoute les résultats.

Stratégies

giving preferences
J'aime beaucoup Tally. Je préfère Lily. Je n'aime pas (beaucoup) Minnie.

Les couleurs

blanc

bleu

brun/marron

gris

jaune

noir

orange

rouge

vert

3 Tu as un animal?

Écoute la conversation.
Complète les phrases.

Exemple: 1 *Sophie a une perruche*.

1 Sophie a ___ ___ .
2 La perruche s'appelle ___ .
3 Coco est (*colour*) ___ .

Écris trois phrases sur Noah et son animal.

Exemple: Noah a …

> J'ai un oiseau.
> C'est une perruche jaune.
> Elle s'appelle Coco.
> Et toi, Noah? As-tu un animal?

> Oui, Sophie, j'ai un animal. Il s'appelle Roland.

> Qu'est-ce que c'est?

> C'est un rat, un gros rat noir!

> Aïe!

4 C'est à qui?

Regarde les animaux. Ils sont à qui? Écris les noms.

Exemple: 1 *Hugo*

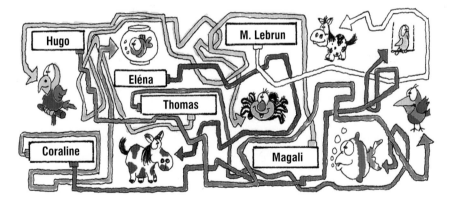

Hugo | Eléna | Thomas | Coraline | M. Lebrun | Magali

Dossier-langue

To say an <u>animal</u> is big you normally use **gros**.

For <u>people</u>, use **grand**, which can also mean 'tall' – if you use **gros** it means 'fat'.

petit (small) is used for both people and animals.

Words like **gros** and **petit** are **adjectives**. They describe nouns. You will learn more about them later.

1 L'oiseau bleu et vert est à ___ .
2 Le gros oiseau bleu, rouge et jaune est à ___ .
3 La très petite perruche jaune et bleue est à ___ .
4 Le cheval brun et blanc est à ___ .
5 Le cheval noir et blanc est à ___ .
6 Le petit poisson rouge, très mignon, est à ___ .
7 Le gros poisson bleu, orange et blanc est à ___ .
8 La tarentule noire est à ___ .

5 Et toi, as-tu un animal?

Inventez des conversations.

Exemple:

– As-tu un animal?
– Oui, j'ai un chien.
– Comment s'appelle-t-il?
– Il s'appelle ___ .
– Et toi? (etc.)

4B | Les adjectifs

- use adjectives to describe things
- learn how to make adjectives 'agree'

1 Une histoire de chats

André et Karine sont à la maison de Mamie (la grand-mère) avec ses chats. Mamie est en vacances. Les enfants trouvent la description des chats de Mamie.

César est noir et blanc et très gros.
Minette est petite et mignonne. Elle est noire et elle a douze ans.
Mimi est petite aussi, mais elle n'est pas noire, elle est grise.

Dans la cuisine, il y a un gros chat noir et blanc.

Viens, César!

Voilà Mimi.

Ah oui, elle est grise.

Mimi est dans la salle à manger.

Elle ne mange pas.

Et voilà Minette. Viens Minette!

Il est énorme, et il est noir, gris et blanc. Mais comment s'appelle-t-il?

Dans la chambre, il y a un autre chat.

Oh, regarde!

Il y a un autre chat. Il est énorme. Il est noir, gris et blanc. C'est le chat de M. Lenoir et il s'appelle Géant!

Géant – non! non! non!

Ah oui! Il s'appelle Géant!

Lis l'histoire, puis complète les phrases.

Exemple: 1 César

1 Il est gros.
Il n'est pas gris.
C'est _____ .

2 Elle est petite.
Elle n'est pas dans le salon.
C'est _____ .

3 Il est très, très gros.
Ce n'est pas le chat de Mamie.
C'est _____ .

4 Elle a douze ans.
Elle est mignonne.
C'est _____ .

5 Il est dans la cuisine.
C'est un gros chat.
C'est _____ .

6 Elle est sur une chaise.
Elle est grise.
C'est _____ .

Dossier-langue

the negative

Elle n'est pas noire. Je n'ai pas d'animal. Elle ne mange pas.

Can you work out the meaning of these sentences?

In French there are two words to translate 'not': **ne** and **pas**.

They go before and after a verb.

Why does **ne** change to **n'** sometimes?

Stratégies

improve your creative work!

You can now use adjectives in your speaking and written work. (What will you need to look out for?)

You can also add useful words like these (called **qualifiers**) to improve your descriptions: **très** (very); **assez** (quite), e.g.

Mon chien est assez gros et très méchant.

Dossier-langue

adjectives – how to describe things in French

Voici un petit chien noir et blanc.

Il est très mignon.

Voici une petite souris blanche.

Elle est très mignonne.

1 You have already learned that nouns in French are either masculine (**le/un**) or feminine (**la/une**).

2 Adjectives (words which describe nouns) must be masculine or feminine to match what they describe.

3 Colours, like most adjectives, go <u>after</u> the words they describe.

4 Sizes (**gros**, **grand**, **petit**) go <u>before</u> the words they describe.

The rule

You can often make an adjective feminine by adding -e to the masculine form (unless it ends in -e already).

Some exceptions

masculin	féminin	
blanc	blanche	white
mignon	mignonne	sweet, cute
gros	grosse	fat, big
marron	marron	brown (this adjective never changes)

 Work in pairs to spot the adjectives on these pages.

Discuss what they describe and how this affects the spelling.

2 Des adjectifs

Copie et complète les listes.

Exemple:

masculin	féminin		anglais
brun	1 _brune_	•	brown
noir	2 ___	6	___
gris	3 ___	•	grey
blanc	4 ___	7	___
jaune	• jaune	8	___
rouge	5 ___	9	___

masculin	féminin		anglais
gros	10 ___	•	big/fat
grand	• grande	15	___
petit	11 ___	16	___
énorme	12 ___	17	___
méchant	13 ___	•	nasty
mignon	14 ___	•	nice

3 Les animaux de Jean-Pierre

Complète les phrases avec les mots de la case.

Exemple: **1** _petit et_ ___

> Voici mes animaux. J'ai deux chats, un poisson et une tarentule. J'aime le poisson et j'aime beaucoup les chats, mais j'adore la tarentule! Elle est mignonne!

① Voici mon chat, Minuit. Il est ___ et ___ .

② Mais sa sœur, Vanille, est assez ___ et ___ .

③ Mon poisson est très ___ . Regarde ses couleurs. Il est ___ , ___ et ___ .

④ Regarde Arabelle, ma tarentule. Elle est ___ et ___ . Et elle est ___ aussi, non?

> petit   grosse   noir   noire   blanc   blanche
> grosse   bleu   orange   mignonne   gros

4C | Tu as des questions?

- *learn how to ask questions*
- *revise the singular of the verb avoir (to have)*

1 Deux interviews

 Écoute et réponds **oui** ou **non**.

Exemple: **1a** *Oui.*

1 Jean-Paul

   a Est-ce que Jean-Paul a un animal à la maison?

   b Est-ce que le chien de Jean-Paul est gros?

   c Est-ce qu'il est noir et blanc?

2 Charlotte

   a Est-ce que Charlotte a un chat?

   b Est-ce que le frère de Charlotte a un animal?

   c Est-ce que Charlotte habite dans un village?

Dossier-langue

asking questions

1 Put *Est-ce que ...* in front of a statement.
Look for some examples in the interviews.
What happens when *Est-ce que ...* is
followed by a vowel?

2 You can just raise your voice at the end of a sentence, e.g.
Il est comment?

3 Use a question word, e.g.
Comment s'appelle-t-il/elle?
Comment ça s'écrit?
Quel âge as-tu?

> Est-ce que tu as un animal à la maison?

> Oui, j'ai une chatte.

> Oui, elle est mignonne.

> Est-ce qu'elle est mignonne?

---

2 Inventez des conversations

À deux, changez la conversation.
Remplacez les mots en couleur.

Conversation 1

– Est-ce que tu as un animal à la maison?

– Oui, j'ai un hamster .

– Comment s'appelle-t-il?

– Il s'appelle Toto .

– Comment ça s'écrit?

– Ça s'écrit T–O–T–O .

– Quel âge a-t-il ?

– Il a trois ans.

– Il est comment?

– Il est très gros .

Invente des questions. (Regarde
la Conversation 1 pour des idées.)
Puis lisez la conversation à deux.

Conversation 2

a – (Exemple:) *Est-ce que tu as un animal à la maison?*

   – Non, moi, je n'ai pas d'animal. Mais mon ami(e) a une souris .

b – ____

   – Elle s'appelle Fifi .

c – ____

   – Ça s'écrit F-I-F-I .

d – ____

   – Elle a un an.

e – ____

   – Elle est petite .

un chat
un cheval
un chien
un cochon d'Inde
un hamster
un lapin
un oiseau
un perroquet
un poisson …

gros(se)
petit(e)
mignon(ne)
méchant(e)
blanc(he)
noir(e)
marron …

une chatte
une perruche
une souris
une tarentule …

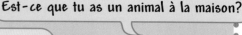

3 Une description

Est-ce que tu as un animal à la maison?

Oui ✔

Alors, écris une petite description de ton animal (avec une photo ou un dessin, si possible).

Non ✗

Alors, écris une petite description de l'animal d'un(e) ami(e).

Pour t'aider

J'ai	un	chien/chat ...
Mon ami(e) a		
Voici	une	perruche/souris/ tarentule ...
Il/Elle s'appelle ...		
Il/Elle a ... ans.		
Il/Elle est n'est pas	(assez) (très)	mignon(ne)/ méchant(e)/brun(e)

Mets la description dans ton **Dossier personnel**.

Dossier-langue

avoir (to have)

You have already met all the singular parts of *avoir* (to have). Complète.

| *j'* ___ | I have | *il* ___ | he (or it) has |
| *tu* ___ | you have | *elle* ___ | she (or it) has |

Why has *je* (I) been shortened to *j'*?

je changes to *j'* before a vowel or a silent 'h'.

Remember *j'habite*? This time it's *j'ai*.

Listen to the pronunciation – does it sound like one word or two?

The verb *avoir* is used to say your age in French, too.

Quel âge as-tu?
J'ai douze ans.
Et ta sœur?
Elle a seize ans.

4 Questions et réponses

a Complète les questions.

Exemple: 1 *Est-ce que tu as un chien?*

1 Est-ce que tu ___ un chien?
2 Quel âge ___-tu?
3 Tu ___ un animal à la maison?
4 Est-ce que ta sœur ___ un baladeur?
5 Est-ce que tu ___ une radio dans ta chambre?
6 Moi, j'___ une console et des jeux dans ma chambre. Et toi?

b Complète les réponses.

Exemple: a *Oui, ma sœur a un baladeur.*

a Oui, ma sœur ___ un baladeur.
b Oui, j'___ une radio dans ma chambre.
c Non, mais mon frère ___ une console dans sa chambre.
d Oui, moi, j'___ un lapin et ma sœur ___ un hamster.
e J'___ douze ans.
f Non, mais mon frère ___ un petit chien.

c Trouve les paires.

Exemple: 1f

Prononciation

The word *à* ('at' or 'to') sounds the same as parts of the verb *avoir*: *tu as* (you have) and *il/elle a* (he/she/it has).

What are the differences when you see the written words?

When you just hear the word, you have to work out the meaning from the context.

Écris 1–6. Écoute.

Écris: *as, a* ou *à*.

Exemple: 1 *as*

- *learn how to give opinions*
- *learn two ways to say 'you'*

1 Des animaux extraordinaires

a Écoute et lis.

Je m'appelle Éric Garnier. J'habite dans une ferme, près de Toulouse. J'aime beaucoup les animaux, mais à la maison, il y a des animaux extraordinaires ... Par exemple, il y a Télé. C'est le petit chien noir de mon frère, Marc. Il s'appelle Télé parce qu'il adore la télévision.

Et il y a aussi Blanco, le petit chat de Maman. Naturellement, il s'appelle Blanco parce qu'il est blanc. Il déteste la télévision, mais il aime beaucoup la radio et il adore la musique.

Eh bien, Télé aime la télévision, mais Blanco préfère la radio ... voilà, c'est très bien ... mais non! Ce n'est pas très bien parce qu'il y a aussi Jules et quelquefois, il y a Néron.

Jules est le perroquet de ma sœur, Claire. Il est petit et très mignon, mais il n'aime pas la télévision, il n'aime pas la radio et il déteste la musique.

Et Néron, qui est-il? Eh bien ... Néron est un gros chien noir et blanc. C'est le chien de mon grand-père et il est très méchant. Il déteste les chats, il déteste les perroquets, il déteste la radio, il déteste la musique et il n'aime pas beaucoup le chien de Marc.
Alors, qu'est-ce qu'il aime, Néron? Il aime deux choses: mon grand-père et le football ... à la télévision, naturellement! Il adore ça!

b Vrai ou faux?

Exemple: 1 *vrai*

1 Éric aime les animaux.
2 Le chien de Marc aime la télévision.
3 Blanco (le chat) n'aime pas beaucoup la radio.
4 Il préfère la télévision.
5 Blanco aime beaucoup la musique.

6 Jules (le perroquet) adore la musique.
7 Néron n'aime pas les chats.
8 Il préfère les perroquets.
9 Il adore la musique.
10 Il déteste le football.

2 Et toi? Tu aimes ça?

Complète les phrases.

Garde tes réponses dans ton **Dossier personnel**.

1 J'aime …
2 J'aime beaucoup …
3 J'adore …
4 Je n'aime pas beaucoup …
5 Je n'aime pas …
6 Je préfère …
7 Je déteste …

Exemples: 1 *J'aime les animaux.* 5 *Je n'aime pas les poissons.*

Pour t'aider
la télé
les jeux vidéo
les ordinateurs
les livres
le football
la musique pop/classique
les baladeurs MP3
le sport

3 Qui dit ça?

Trouve la bonne bulle.

Exemple: 1D

A Vous aimez la musique, monsieur?

B Oui, merci. Tu es très gentil.

C Tu aimes les animaux?

D Vous avez gagné ce grand prix.

E Tu aimes les enfants?

F Tu es dans la cage, Minnie?

G Vous aimez les chats, madame?

H Vous aimez les bonbons?

4 Invente des questions

Make up three questions using *tu* and three using *vous*.

Practise them in pairs, one of you acting as an adult.

Change over half way through.

Dossier-langue

'you'

Use *tu* …
• for a friend.
• for someone your own age or younger.
• for an animal.

tu is always singular.

Use *vous* …
• for an older person.
• for someone you don't know well.

vous is often plural, so always use it for two or more people.

■ *practise language you have learnt*

1 C'est extraordinaire

Voici un zoo extraordinaire. Les animaux sont de toutes les couleurs!

Regarde le nom des animaux et trouve les paires.

Exemple: **1e**

Stratégies

Look carefully at the French words for these animals.

Can you work out which is which?

(The English words should give you a clue – with just one exception.)

a un lion **e** un tigre
b un chameau **f** une girafe
c un zèbre **g** un gorille
d un éléphant **h** un ours

2 Trouve les couleurs

Trouve les couleurs dans le zoo extraordinaire. Tu as quatre minutes. Écris les couleurs.

3 Invente des descriptions

a Complète les phrases.

Exemple: *Le tigre est jaune et bleu.*

1 Le tigre est … **5** L'ours n'est pas …
2 Le lion est … **6** Le gorille n'est pas …
3 L'éléphant est … **7** Le chameau n'est pas …
4 Le girafe est … **8** Le zebre n'est pas …

b Invente un animal extraordinaire. Fais un dessin et écris une description. Pour t'aider, regarde le *Sommaire*.

Prononciation

 a Écoute et répète.
1 un lion **5** un éléphant
2 un tigre **6** un chameau
3 une girafe **7** un ours
4 un zèbre **8** un gorille

b C'est quel mot? Écris 1–6. Écoute. On dit le mot français, puis le mot anglais, puis on répète un des mots. Écris **F** (français) ou **A** (anglais).

The first four of the French animal names in the recording include the letter 'i'.

Notice how it is pronounced.

Pour t'aider

	gros(se)
assez	petit(e)
très	méchant(e)
	mignon(ne)

idée *Every time you see an animal, think of any French word you know which would describe it, e.g. colour, size, temperament.*

SOMMAIRE

Now I can ...

■ talk about animals and pets

Est-ce que tu as un animal à la maison?
  Do you have a pet?
Oui, j'ai un chat/chien (etc.)
  Yes, I have a cat/dog (etc.)

les animaux	animals/pets
un chat	cat
une chatte	cat (female)
un cheval (pl des chevaux)	horse
un chien	dog
un cochon d'Inde	guinea pig
un hamster	hamster
un lapin	rabbit
un oiseau (pl des oiseaux)	bird
un perroquet	parrot
une perruche	budgie, parakeet
un poisson (rouge)	(gold)fish
une souris	mouse
une tarentule	tarantula

■ describe animals and other things, especially their colour and size

De quelle couleur est-il/elle?	What colour is he/she/it?
Il/Elle est gris(e).	He/She/It is grey.
Est-ce qu'il/elle est gros(se)?	Is he/she/it big?
Il/Elle est gros(se).	He/She/It is big.
Il/Elle est comment?	What is he/she/it like?
Il/Elle est petit(e).	He/She/It is small.

les couleurs		colours
masculin	féminin	
blanc	blanche	white
bleu	bleue	blue
brun	brune	brown
gris	grise	grey
jaune	jaune	yellow
marron	marron	brown
noir	noire	black
orange	orange	orange
rouge	rouge	red
vert	verte	green

la taille	size
Il est (très) grand.	He is (very) big/tall.
Elle est (assez) grande.	She is (quite) big/tall.

petit	petite	small
gros	grosse	big, fat
énorme	énorme	enormous
très		very
assez		quite

autres qualités	other qualities
Il est méchant.	He is bad/naughty.
Elle est méchante.	She is bad/naughty.
Il est mignon.	He is sweet/cute.
Elle est mignonne.	She is sweet/cute.

■ say what you like/dislike/prefer

	Est-ce que tu aimes ... ?	Do you like ... ?
♡ ♡	J'adore ...	I love ...
♡ +	(Oui), j'aime beaucoup ...	I like ... a lot.
♡	J'aime ...	I like ...
♡ ✔	Je préfère ...	I prefer ...
✖ –	(Non), je n'aime pas beaucoup ...	I don't like ... much.
✖	(Non), je n'aime pas ...	I don't like ...
✖ ✖	Je déteste ...	I hate ...

■ say 'you' correctly in French (see page 37)

■ recognise and use the negative ('not') (see page 32)

■ ask questions in French (see page 34)

To make a sentence into a question,
add *Est-ce que*, e.g.

Est-ce que tu habites dans une maison?	Do you live in a house?
Est-ce qu'il est gros, ton chien?	Is your dog big?

■ practise the singular form of the verb *avoir* (see page 35)

Presse – Jeunesse ①

Bonjour, Mangetout!

1 Je me présente. Je m'appelle Mangetout. Pourquoi? Parce que j'aime manger tout, bien sûr!

2 J'habite ici, numéro 7, dans la rue Général de Gaulle.

3 J'aime beaucoup le poisson …

4 … et j'adore la viande.

5 J'aime dormir, aussi.

6 Je n'ai pas de frères et sœurs, mais j'ai une bonne copine. Elle s'appelle Calinette et elle est très jolie.

Le sais-tu?
La France

La France est le plus grand pays de l'Europe de l'Ouest. Quelquefois, on l'appelle l'Hexagone. Pourquoi?

En France, il y a beaucoup de montagnes, par exemple les Alpes, les Pyrénées, le Jura, le Massif Central et les Vosges. La montagne la plus haute est le Mont Blanc.

Paris, la capitale de la France, est sur la Seine. Le monument le plus célèbre à Paris est la tour Eiffel. L'église la plus célèbre à Paris est la cathédrale de Notre-Dame.

La France est célèbre … pour ses vins, pour son parfum et pour ses fromages. Il y a plus de 350 fromages français – on dit qu'il y a un fromage différent pour chaque jour de l'année.

Les Français aiment le cyclisme. Beaucoup de jeunes ont un vélo, une mobylette ou un scooter, et presque tout le monde s'intéresse au Tour de France.

En France, on aime le sport. Les sports les plus populaires sont le foot et le ski, mais on aime aussi le tennis, le judo, le rugby, le basket et le handball.

En plus, beaucoup de personnes jouent aux boules (ou à la pétanque); on trouve ça dans presque toutes les villes et même dans les petits villages. C'est amusant!

(Regarde aussi la carte à la page 3.)

Chimène!

unité 5

Des fêtes et des festivals

5A L'année en France

- ask for and give the date
- learn about saints' days and other festivals

A janvier

20
Sébastien

match de foot

B février

5
Agathe

mardi gras

H juillet

3
Thomas

début des vacances d'été

mardi gras Shrove Tuesday

I août

10
Laurent

concert à l'Olympia

J septembre

2
Ingrid

rentrée scolaire

K octobre

25
Crépin/Crépinien

vacances de la Toussaint

L novembre

1 Toussaint

anniv. de Christophe

M décembre

6
Nicolas

soirée chez Nicolas

N décembre

31
Sylvestre

fête et feu d'artifice, centre-ville

---

1 Quelle est la date?

Écris 1–10. Regarde les dates, écoute et écris la bonne lettre.

Exemple: 1L

Prononciation

Several French months are similar to the English, but always sound different.

Write 1–10. Listen to the French names and the English names of 10 months. Then note which name is repeated: the French (**F**) or the English (**E**).

Exemple: 1F

Stratégies

the months

Compare the spelling of months in English and French.

1 Is the first letter of each month the same in both languages?

2 What is the difference in the spelling of the last four months?

3 Which months have an accent in their French spelling?
How does this affect their pronunciation?

4 Do the months begin with a capital letter in French?

2 Des dates

Complète.

Exemple: 1 cinq février

1 Cette année, mardi gras, c'est le mardi ___ ___ .

2 La Saint-Valentin, c'est le jeudi ___ ___ .

3 La fête au club des jeunes, c'est le mercredi ___ ___ .

4 La rentrée scolaire, c'est le mardi ___ ___ .

5 Le match de foot, c'est le samedi ___ ___ .

6 Cette année, Pâques, c'est le dimanche ___ ___ .

42 quarante-deux

C
février
14
Valentin
soirée chez Noah

D
mars
23
Victorien
dimanche de Pâques

E
avril
2
Sandrine
fête au club des jeunes

F
mai
25
Sophie
fête des Mères

G
juin
21
Rodolphe
fête de la musique

3 C'est quand?

Travaillez à deux.

Exemple: 1

> Le match de foot, c'est quand?

> C'est le vingt janvier.

1 le match de foot
2 mardi gras
3 la fête de la musique
4 la soirée chez Nicolas

5 l'anniversaire de Christophe
6 la soirée chez Noah
7 le feu d'artifice en ville
8 le concert à l'Olympia

> As-tu le prénom d'un saint ou d'une sainte? Regarde les jours saints sur Internet. C'est quand, ta fête?

4 Bonne fête

> Je m'appelle Sandrine. Ma fête, c'est le deux avril. Voici mes cadeaux.

> Ma fête, c'est le vingt janvier. Voici mes cartes.

> Bonne fête, Sébastien!

Sur un calendrier français, il y a un nom pour chaque jour.

Quels sont ces noms? Ce sont des noms de saints. Chaque jour de l'année, c'est la fête d'un saint ou d'une sainte et de toutes les personnes qui ont le même prénom.

Par exemple, si tu t'appelles Laurent, la date de la Saint-Laurent, le 10 août, c'est ta fête. Si tu t'appelles Sophie, ta fête, c'est le 25 mai.

Ta famille, et quelquefois des amis, t'offrent des cartes et des cadeaux pour ta fête. Génial, non?

Lis l'article et regarde les pages du calendrier. C'est quand, la fête de ces personnes?

Exemple: **1** *C'est le 31 décembre.*

1 Sylvestre
2 Nicolas
3 Sophie
4 Agathe
5 Crépin
6 Ingrid
7 Victorien
8 Thomas

5B | En France, c'est la fête

- *find out about festivals and events in France*
- *learn greetings for special days*
- *learn how to work out new vocabulary*

1 Les fêtes en France

Écoute et lis.

| une fève | a lucky charm |

1
janvier
Le premier janvier, c'est le jour de l'An. On dit «Bonne Année» à ses amis.

2
janvier
Le six janvier, c'est la fête des Rois. On mange un gâteau spécial: la galette des Rois. Dans la galette, il y a une fève. La personne qui trouve la fève est le roi et porte une couronne.

3
février/mars
Au mois de février ou de mars, il y a mardi gras. On mange des crêpes.

4
mars/avril
En mars ou en avril, il y a Pâques. On mange des œufs en chocolat ... et aussi des lapins et des oiseaux en chocolat. On dit «Joyeuses Pâques!».

5
avril
Le premier avril, on fait des poissons d'avril. Ça, c'est amusant!

6
mai
Au mois de mai, il y a la fête des Mères. Les enfants donnent une carte ou des fleurs à leur mère.

7
juin
Le 21 juin, c'est le premier jour de l'été. En France, c'est la fête de la musique.

8
juillet
Le 14 juillet, c'est la fête nationale. Il y a un défilé dans les rues. Le soir, il y a un feu d'artifice.

9
décembre
Le 25 décembre, c'est la fête de Noël. On chante des chants de Noël. Le Père Noël apporte des cadeaux aux petits enfants. On mange un repas délicieux, souvent pendant la nuit du 24 au 25 décembre. On dit «Joyeux Noël» à tout le monde.

10
décembre
Le 31 décembre, c'est la Saint-Sylvestre. Le soir, on mange un bon repas. À minuit, on téléphone à ses amis et on dit «Bonne Année» à tout le monde.

11
octobre/novembre/décembre
Il y a aussi d'autres fêtes en France, par exemple la fête de l'Eid, pour la religion musulmane, et la fête des lumières à Diwali, pour la religion hindoue.
(On va reparler de ces fêtes dans l'Unité 9.)

coping with new words

To understand a text you might not need to know every single word.

When you meet a new word, try to guess its meaning.

1 Some words are rather like the English (cognates), e.g. *chocolat*

2 Some words are similar (near cognates), e.g. *minuit*

3 Sometimes you can guess the meaning from the context, e.g.

On mange un bon repas. (= a meal)

Le Père Noël apporte des cadeaux. (= presents)

4 If you can't work out the meaning of a word, look it up in a French – English dictionary.

2 Ça veut dire quoi?

a What do you think these words mean?

1 premier
2 délicieux
3 une couronne
4 une carte
5 la religion hindoue

b Copy these words and find the meaning.

Exemple: le jour de l'An = *New Year's Day*

1 le jour de l'An
2 des crêpes
3 Bonne Année!
4 des œufs
5 la religion musulmane
6 des fleurs
7 la nuit
8 un feu d'artifice

3 C'est quel mois?

Exemple: **1 en mars ou en avril**

1 On dit «Joyeuses Pâques».

2 On mange des crêpes.

3 On dit «Joyeux Noël».

4 On dit «Bonne Année».

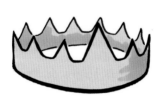

5 On porte une couronne.

6 On dit «Bonne fête, Maman».

4 C'est quelle fête?

Travaillez à deux. Lisez le dialogue.

On chante des chants de Noël. C'est quelle fête?

C'est Noël.

Maintenant, inventez d'autres dialogues.

Exemple: – On regarde un feu d'artifice. C'est quelle fête?
– C'est … (etc.)

- talk about a Shrove Tuesday fancy dress party
- practise using the verb être (to be)

Mardi gras

Shrove Tuesday (mardi gras – literally 'fat' Tuesday) is widely celebrated in France, sometimes with a carnival or fancy dress party. As in the UK, people eat pancakes, keeping up the old religious tradition of eating up all the rich food before fasting in Lent (the 40 days before Easter).

1 Mardi gras

Écris 1–8. Écoute et choisis **a** ou **b**.

Exemple: **1a**

1 C'est
  a le 5 février.
  b le 15 février.

2 C'est
  a l'anniversaire de Luc.
  b mardi gras.

3 Beaucoup de jeunes sont
  a en boîte.
  b dans les rues.

4 Ils sont
  a déguisés.
  b en jean et en t-shirt.

5 Un garçon est déguisé en
  a Père Noël.
  b Dracula.

6 Une fille est déguisée en
  a perroquet.
  b souris.

7 Deux filles sont déguisées en
  a chats noirs.
  b deux méchantes sœurs.

8 Le fantôme, c'est
  a Olivier.
  b Simon.

en boîte	in a club

2 C'est qui?

Aujourd'hui, c'est mardi gras. Toutes ces jeunes personnes sont déguisées. Il y a Luc et sa sœur, Coralie. Il y a Sébastien et ses cousins, Olivier et Roseline. Il y a aussi la famille Lambert: Anne-Marie, sa sœur, Suzanne, et ses frères, Christophe et Jean-Pierre.

Christophe, c'est toi? Tu es Dracula?

Oui, oui, c'est Christophe. Et Jean-Pierre est le dragon. Ils sont horribles, non?

Roseline, c'est qui? Ah oui. Elle est déguisée en clown.

Voici Sébastien. Il est Batman.

Où sont mes sœurs? Ah, vous voilà! Vous êtes les deux sœurs de Cendrillon, c'est ça?

Mon frère et moi, nous sommes tous les deux des animaux. Moi, je suis un perroquet et mon frère Luc est un lapin.

Comment sont-ils déguisés?

Lis les bulles et complète les phrases.

Exemple: **1 Coralie est le perroquet.**

1 _____ est le perroquet.
2 _____ est le lapin.
3 _____ est Batman.
4 _____ est le fantôme.
5 _____ est le clown.
6 _____ est Dracula.
7 _____ est le dragon.
8 _____ sont les deux sœurs de Cendrillon.

Dossier-langue

être (to be) – I am, you are, etc.

You already know most parts of the verb **être** (to be).

Copy and complete this table. You can find the words you need on page 47.

je ___	I am	**nous** ___	we are
___ **es**	you are (informal)	**vous** ___	you are (singular: formal) (plural: informal and formal)
il ___	he (or it) is	___ **sont**	they are (masculine or mixed group)
___ **est**	she (or it) is	**elles** ___	they are (feminine group)

With a name or a noun, e.g. **César**, **ma mère** (etc.) use the same part of the verb as for **il/elle**.
If there is more than one name or a plural noun, e.g. **mes amis**, use the part that goes with **ils/elles**.
Someone's name **et moi** (e.g. **Noah et moi**) counts as **nous**.

3 C'est moi!

Trouve les paires.

Exemple: 1g

1 Je ...	**a** sommes dans la même classe.
2 Mon anniversaire ...	**b** êtes en vacances ici?
3 Ma mère ...	**c** est assez grand.
4 Mon père ...	**d** est petite.
5 Mes amis ...	**e** es français?
6 Nous ...	**f** est noir et blanc.
7 César, mon chat, ...	**g** suis enfant unique.
8 Et toi, tu ...	**h** est le 23 août.
9 Vous ...	**i** sont Sophie et Luc.

Prononciation

les lettres 'é' et 'è'

The letter 'e' can have several different accents in French.

With an **acute accent** (é – *accent aigu*) and a **grave accent** (è – *accent grave*) it is easy to spot how they affect the pronunciation.

Écoute (1–8) et écris **é** ou **è**.

la lettre 'ê'

A **circumflex accent** (ê – *accent circonflexe*) is a bit harder.

Prononce ces mots. Écoute et vérifie.

1	êtes	**3**	être	**5**	pêche
2	arrête	**4**	fête	**6**	fenêtre

4 Des photos

On regarde les photos de mardi gras. Écris les verbes.

Exemple: 1 *Vous êtes*

Ça, c'est vous deux. Vous ___ (1) ___ horribles!

Voilà, là, c'est moi. Mais je ___ (2) ___ fantastique! Et là, c'est toi, Suzanne. Tu ___ (3) ___ superbe!

Regarde, là, c'est Jean-Pierre et moi. Nous ___ (4) ___ splendides. Moi, je ___ (5) ___ extra! Jean-Pierre aussi. Il ___ (6) ___ génial, non?

Anne-Marie, regarde les garçons. Ils ___ (7) ___ extraordinaires!

Mais ça. Qui est-ce? C'est Coralie et Roseline. Elles ___ (8) ___ amusantes, non?

Coralie ___ (9) ___ le perroquet et Roseline ___ (10) ___ le clown.

5D | Ton anniversaire, c'est quand?

- ■ *talk about birthday dates and presents*
- ■ *practise using adjectives*

1 L'anniversaire de Marc

 Écoute et lis. Écris *a*, *b*, ou *c*.

	reçu	received
	une bande dessinée	comic book

1 C'est quand, l'anniversaire de Marc?
  - **a** le 1ᵉʳ février
  - **b** le 1ᵉʳ juillet
  - **c** le 11 février

2 Quel âge a-t-il?
  - **a** 11 ans
  - **b** 12 ans
  - **c** 13 ans

3 Comme cadeaux, il a reçu
  - **a** un t-shirt et un DVD.
  - **b** une raquette de tennis et un t-shirt.
  - **c** un livre et une bande dessinée.

2 Inventez des conversations

Travaillez à deux. Lisez la conversation. Puis changez les mots en couleur.

- – Salut!
- – Salut!
- – C'est quand ton anniversaire?
- – C'est aujourd'hui, le premier février .
- – Alors bon anniversaire! Quel âge as-tu?
- – Aujourd'hui, j'ai treize ans.
- – Qu'est-ce que tu as reçu comme cadeaux?
- – J'ai reçu un t-shirt bleu et rouge et une raquette de tennis noire .
- – Fantastique! Bonne journée!
- – Merci beaucoup!

Pour t'aider

le premier février	bleu(e) rouge
le deux mars	blanc(he) jaune
le trois avril	vert(e) orange
le quatre mai	noir(e) brun
(etc.)	gris(e) violet

treize	douze	onze	(etc.)

un livre	une trousse
un sac	une calculatrice
un ballon de foot	une boîte de chocolats
un jeu	une bande dessinée
(etc.)	(etc.)

3 Des cadeaux de Noël

Lis et note la bonne lettre.

Exemple: 1C

1 Mme Clément a un paquet seulement, mais elle est très contente. Dans son paquet, il y a des chaussures très élégantes.

2 Roseline adore le tennis. Elle a deux paquets. Dans un paquet, il y a une nouvelle raquette de tennis et dans l'autre paquet, il y a des balles de tennis.

3 Olivier est très content. Il a deux grands paquets. Dans un paquet, il y a des jeux vidéo et dans l'autre, il y a une bande dessinée.

4 M. Clément aussi a deux paquets. Il aime la musique et dans un paquet, il y a trois CD. Dans l'autre paquet, il y a des chocolats – miam-miam!

5 Même le chat est content. Il a deux petits paquets: une balle et une souris en coton.

des chaussures	*shoes*

4 Merci pour les cadeaux

Lis les phrases. Choisis le bon mot.

Exemple: 1 *amusants*

1 J'adore les jeux (amusant/amusants).

 2 Marc aime beaucoup les baladeurs (moderne/modernes).

3 Le livre est très (intéressant/intéressante).

 4 Ma sœur est très (content/contente) de son cadeau.

5 Elle aime beaucoup les (petite/petits) animaux.

6 Les crayons sont toujours (utile/utiles).

 7 La souris est (mignonne/mignonnes).

8 Je suis très content de mon (nouveau/nouvelle) CD.

5 Cherche des adjectifs

Sur cette page …

1 trouve **4** adjectifs au pluriel.

Exemple: *utiles*

2 trouve **4** adjectifs au féminin.

Exemple: *mignonne*

6 C'est quel mot?

Écris 1–6. Écoute. On dit les deux adjectifs, puis on répète un mot seulement. Écris **a** ou **b**.

Exemple: 1a

1 **a** blancs
  b blanches

2 **a** vert
  b verte

3 **a** petit
  b petite

4 **a** grands
  b grandes

5 **a** gris
  b grise

6 **a** gros
  b grosse

---

using adjectives (singular and plural)

As you know, adjectives agree with the nouns they describe. This means that they are masculine, feminine, singular or plural to match the noun.

1 Many adjectives follow a regular pattern.

singular		plural	
masculine	feminine	masculine	feminine
grand	*grande*	*grands*	*grandes*

2 Adjectives which already end in -e (with no accent) have no different feminine form:

utile	*utile*	*utiles*	*utiles*

3 Adjectives which already end in -s have no different masculine plural form:

français	*française*	*français*	*françaises*

4 Some adjectives double the last letter before adding an -e for the feminine form:

bon	*bonne*	*bons*	*bonnes*

5 Some adjectives are irregular and you need to learn each one separately. The irregular forms are normally given in a dictionary in the French – English section.

blanc	*blanche*	*blancs*	*blanches*
nouveau	*nouvelle*	*nouveaux*	*nouvelles*

Stratégies

Try learning irregular adjectives with a noun, e.g.

une souris blanche   *une nouvelle chanson*

This will help you remember the gender of the noun as well as the correct form of the adjective. Two things for the price of one!

Des cadeaux pour tout le monde

■ *learn the words for some more presents*
■ *learn some higher numbers and prices*

1 Vous cherchez un cadeau?

Écris 1–8. Écoute. Quels sont les huit cadeaux mentionnés?

Exemple: 1J

IDÉES CADEAUX

POUR L'ÉCOLE

A 6,10€

B 5,30€

POUR LES GARÇONS

39,90€

C

D

28,90€

E 19,45€

POUR LES JEUNES FILLES

F

G 16,50€

12€ les 3

H Printemps 42€

POUR VOS LOISIRS

K Livre de Poche 4,99€

L 22€

POUR TOUT LE MONDE

de 8€ à 15€

I

J 2,05€

M 17€

N Spécial danse 19,45€

O Ciné €8 €8

P 300€

2 Les cadeaux

Regarde la liste. Note la lettre qui correspond.

Exemple: 1P

1 un baladeur
2 un ballon de foot
3 deux billets de cinéma
4 des bracelets en métal argenté
5 une calculatrice amusante
6 une casquette

7 une ceinture chic
8 des chaussettes fantaisie
9 une collection papeterie (cahier, trousse et stylo)
10 un DVD «Spécial danse»
11 un jean à cinq poches

12 un livre de poche
13 des lunettes de soleil
14 une montre sport
15 le nouveau parfum «Printemps»
16 des tennis

Dossier-langue

numbers

After **soixante-neuf (69)** counting in French is a bit different. Look carefully at these four numbers and work out the pattern:

70 soixante-dix

71 soixante et onze

72 soixante-douze

73 soixante-treize

Following this pattern, complete these numbers (write them down and practise saying them):

74 soixante-___   **77 soixante-___-___**

75 s___-___   **78 ___-___-___**

76 s___-___   **79 ___-___-___**

Now here's another surprise. What number is this: **quatre-vingts**?

Here are the next two numbers:

81 quatre-vingt-un   **82 quatre-vingt-deux**

Predict what the next numbers **(83–89)** will be.

90 is **quatre-vingt-dix**, **91** is **quatre-vingt-onze**. Now keep counting from **92** to **99** (**quatre-vingt-dix-neuf**).

Is there an -s in the French for **80** and is it still there in the numbers from **81** to **99**?

After all that, look at this easy word for **100** – **cent**.

And now you just start adding the numbers from the beginning on to **cent**:

101 cent un

102 cent deux

200 is **deux cents**; **300** is **trois cents** – easy!

Work out the French for these numbers:
104, 203, 307, 110, 213, 317, 450, 500.

3 Un cadeau idéal

Choisis un cadeau pour chaque personne.

Exemple: 1k

1 Karim aime lire.

2 Victorien aime les maths.

3 Claire adore la danse.

4 Le week-end, Daniel met toujours un jean.

5 Sophie met toujours du parfum pour la fête.

6 Sanjay adore jouer au foot.

7 Hugo aime aller au cinéma.

8 Charlotte adore les vacances au soleil.

9 C'est un anniversaire spécial pour Alexandre. Il a dix-huit ans et il adore écouter de la musique.

10 Choisis un cadeau pour toi.

Prononciation

les lettres 'qu'

a Écris 1–5. Écoute et écris la lettre.

Exemple: 1d

a   quel

b   quand

c   quatre-vingts

d   quarante

e   qu'est-ce que c'est?

b Prononce ces mots. Écoute et vérifie.

quelle   quatre   question   quatorze quatre-vingt-dix

4 La tombola

Le 14 juillet, dans mon village, il y a des jeux avec une tombola.

Écoute, lis et trouve le bon prix.

Exemple:

1 un ordinateur de poche

TOMBOLA

81   80   73   100   96   38   75   50   67   90

À gagner ...
un DVD   une calculatrice   un CD   un classeur
des crayons   une trousse   un baladeur
un poisson rouge   un sac à dos   un stylo

5 C'est combien?

France like many European countries use euros (€). There are 100 cents in one euro. Look back at the prices for the presents on page 50.

Write 1–10. Listen to the recording and spot which present they mention.

Example: 1H

Can you work out how to say the price if it is in euros and cents (e.g. 3,50€)?

- **learn the French for some clothes**
- **practise plurals**

🖱 1 Lou Leroux. Chic: oui ou non?

💿 Écoute et lis.

| Tu rigoles! | *You're joking!* |

> Lou Leroux fait beaucoup d'interviews pour la télé.
> Cette semaine, sa sœur, Léa, et son amie, Charlotte, sont avec Lou.
> Il choisit attentivement ses vêtements pour être chic!

jeudi

vendredi

Ça va, Léa? Il est chic, mon pull, non?

Tu rigoles!

> Aujourd'hui, il porte une chemise noire, un pantalon blanc, une cravate rouge, des chaussettes noires et des baskets blanches.
> Sa sœur, Léa, porte un pantalon brun et une chemise jaune et Charlotte, son amie, porte un short noir et un t-shirt blanc.

> Lou adore son pull vert et jaune et son pantalon vert. Avec ça, il porte des chaussettes jaunes et des chaussures marron. Léa est très chic. Elle porte une chemise blanche, une jupe noire et des chaussures noires.

samedi

dimanche

Très bien, Lou!

Aujourd'hui, tu es très chic!

> Aujourd'hui, Lou et Léa sont au match de foot.
> Le joueur de foot porte un maillot rouge et blanc et un short noir.
> Léa porte une robe bleue et blanche et des sandales blanches.
> Lou porte un jogging gris, une casquette violette, un sweat orange et des tennis blanches. Est-il chic: oui ou non?

> Aujourd'hui, Lou est à la maison. Il porte un t-shirt et son jean favori.

2 Des vêtements

Dans l'histoire de Lou, il y a le nom de beaucoup de vêtements. Copie et complète la liste.

Exemples:

masculin		féminin	
un jean	jeans	des tennis	___
un ___	tracksuit bottoms	des ___	sandals
un pantalon	___	une cravate	_a tie_
___	pullover	une casquette	___
___	(pair of) shorts	une chemise	___
___	sweatshirt	une jupe	___
___	T-shirt	___	a dress
		des chaussettes	___
		des chaussures	___
		des baskets	___

You know several kinds of words:

- **nouns** (names of people and things):
  Lou,
  (une) *chemise*,
  (des) *vêtements*
- **verbs**:
  (il) *a*,
  (je) *porte*,
  (ils) *sont*
- **adjectives** (words which describe things):
  (un pantalon) *gris*,
  (une chemise) *rouge*,
  (des tennis) *blanches*

Find 4 nouns, 4 verbs and 4 adjectives on page 52.

Dossier-langue

plurals

un and *une* change to *des*

singular	plural
un pull	des pulls
une chaussette	des chaussettes
un élève	des élèves

le, *la* and *l'* change to *les*

singular	plural
le sac	les sacs
la jupe	les jupes
l'enfant	les enfants

In French, you usually add -s to the word in the plural, but in spoken French you can't usually hear the -s on the end of a word. Is this the same in English?

If a word already ends in -s, there is no change in the plural, e.g.

une souris → *des souris*

A few words have a special plural ending in -x, e.g.

des cadeaux (see page 36)

Like the -s ending, it is not sounded.

Find four words in **Lou Leroux. Chic: oui ou non?** which are plural in English but singular in French.

3 C'est au pluriel?

Trouve les cinq mots au pluriel.

Exemple: **2, ...**

1 un sweat gris
2 mes lunettes
3 les baskets
4 un pantalon
5 des chaussures
6 des animaux
7 sa sœur
8 des casquettes

4 Vrai ou faux?

Travaillez à deux.

Une personne invente une phrase sur Lou Leroux et ses vêtements. Vrai ou faux? L'autre personne décide.

Exemple:

Vendredi, Lou porte un pull vert et jaune.
C'est vrai.
Vendredi

Jeudi, Lou porte une chemise bleue.
C'est faux.
Jeudi

Prononciation

anglais ou français?

a Some of the French words for clothes look rather like English words, but sound different.

Prononce ces mots, écoute et vérifie.

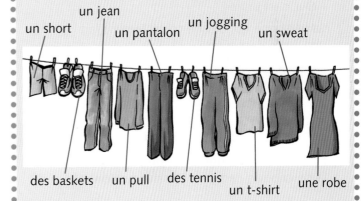

un short, un jean, un pantalon, un jogging, un sweat, des baskets, un pull, des tennis, un t-shirt, une robe

b Listen to these plural words. Is the final -s sounded?

How can you tell the word is plural?

1 Voici des chaussettes.
2 Lou porte des baskets.
3 Léa porte des sandales.
4 Regarde les chaussures de Léa.
5 Les tennis de Lou sont blanches.
6 Voici des t-shirts.

- *describe yourself and other people*
- *practise using the verb avoir*

1 Des photos d'identité

Écris 1–6. Écoute les descriptions. Qui parle?

Exemple: 1B *Bruno*

| Marine | Bruno | Julie | Sonia | Zac | Victorien |

2 C'est qui?

Travaillez en groupes.

Une personne fait une description de quelqu'un du groupe.

Les autres devinent qui c'est.

Exemple:

– Elle est assez grande.

– Elle a les cheveux longs et blonds et les yeux bleus.

– C'est Karine?

– Non.

– C'est Lauren?

– Oui, c'est Lauren.

La personne qui devine correctement fait une autre description.

> deviner   *to guess*

3 Une description personnelle

Maintenant, fais une description de toi. Garde la description dans ton **Dossier personnel**.

> Je suis assez …
> J'ai les cheveux … (etc.)

Pour t'aider

Pour décrire quelqu'un

		longs (*long*). courts (*short*). frisés (*curly*).
J'ai Il a Elle a Mon père a Ma mère a	les cheveux	noirs. blonds. roux. bruns. châtains.
	les yeux	marron. verts. bleus. gris.
Je porte Il porte Elle porte	des lunettes.	
Je suis Il est Elle est	assez très	grand(e). petit(e).

> *roux* is used for auburn hair (not *rouges*).
> *châtains* is used for (chestnut) brown hair.
> *marron* is used for brown eyes. It doesn't change its spelling, whatever it describes.

Stratégies

To describe eyes and hair, which verb do you use?

To describe if you are tall or short (etc.), which verb do you use?

Dossier-langue

avoir (to have)

You have already met parts of the verb **_avoir_** (to have). See what you can remember and then use Nicole's message to help you to complete this table:

j'ai	I have		**____ avons**	we have
tu ____	you have (informal)	**vous ____**	you ____ (singular: formal) (plural: informal and formal)
il a	he (or it) ____	**ils ____**	they have (masculine or mixed group)
____ a	she (or it) has	**____ ont**	they have (feminine)

4 Un message de Nicole

Lis le message et trouve ...

- 5 adjectifs
- 4 animaux
- 3 meubles
- 2 membres de la famille
- 1 appareil électrique

meubles _(pieces of) furniture_

5 Chez nous

Choisis le bon mot.

Exemple: 1 _Nous avons_

Merci de ton message. Comme tu vois sur ma photo, j'ai les cheveux longs et blonds et les yeux verts. Les autres filles sont mes amies Karine et Julie. Elles ont les cheveux noirs.

Tu demandes si nous avons des animaux à la maison. Oui, nous avons beaucoup d'animaux.

Toute la famille adore les animaux. Moi, j'ai un petit hamster. Il est très mignon. Mes frères ont deux lapins blancs. Ma sœur a un cochon d'Inde brun. Nous avons aussi un grand chien, Napoléon, et une chatte grise, Joséphine.

Heureusement, nous avons une maison avec un grand jardin. Est-ce que vous avez aussi des animaux à la maison?

Qu'est-ce que tu as dans ta chambre? Moi, j'ai mon lit, une table, une chaise, etc. et un baladeur. Pour Noël, je voudrais un nouveau jeu vidéo. J'aime beaucoup jouer sur l'ordinateur. Et toi?

Nicole :-)

Nous (**1** avons/a/ont) ____ un petit appartement en centre-ville. Dans l'appartement, nous (**2** avez/ai/avons) ____ un salon, une cuisine, une salle de bains et trois chambres. Nous (**3** a/avons/ont) ____ aussi un garage.

Et vous, comment est votre maison? Est-ce que vous (**4** ai/a/avez) ____ un jardin?

Dans ma chambre, j'(**5** a/ai/ont) ____ une chaîne hi-fi, mais ma sœur (**6** as/a/ont) ____ un ordinateur dans sa chambre et mes frères (**7** avons/avez/ont) ____ une console.

Et toi, qu'est-ce que tu (**8** ai/as/a) ____ dans ta chambre?

Écris-moi vite,

Thomas

6 Un e-mail

Écris un e-mail à un(e) ami français(e) sur ta maison et ta chambre. Garde ce message dans ton **Dossier personnel**.

Exemple:

J'aime beaucoup les animaux. Nous avons ...

Notre maison est ... et nous avons ...

Dans ma chambre, j'ai ...

7 Une conversation

Parle à un(e) partenaire de toi, de ta famille, tes animaux, ta maison et ta chambre.

1 Trouve le bon mot

> First, check that you can recognise words that you have met before.

Écris 1–6. Écoute et écris la lettre.

Exemple: 1f

a fille   b famille   c livre

d ville   e fils   f oui

2 C'est quelle image?

> Now listen to some words you might not have met before, then add them to your vocabulary book.
>
> If two nouns sound very similar, listening to the word before the noun might help you to spot which is which, e.g.

une maison   **un** maçon

Écris 1–6. Écoute et écris la lettre.

Exemple: 1D

A

la pluie

B

un parapluie

C

une boisson

D

un croissant

E

une pharmacie

F

un pharmacien

3 C'est quel mot?

> Really careful listening needed here.

Écoute. On dit les deux mots, puis on répète un des mots seulement. Écris *a* ou *b*.

Exemple: 1b

1 a je	3 a je	5 a sous
b j'ai	b j'aime	b sur
2 a j'ai	4 a trois	6 a sœur
b j'aime	b toi	b sur

4 Questions ou réponses?

> Listen for clues from someone's tone of voice or the way they speak.

Écris 1–9. Écoute et écris *Q* (pour une question) ou *R* (pour une réponse).

Exemple: 1Q

5 L'histoire de Suzanne

> **Getting the gist**
> You don't need to understand every word to get the meaning of what you hear. If possible, try to listen several times to build up the meaning gradually.

Écoute l'histoire de Suzanne.

1 Listen to discover what event the speaker is describing.

2 Listen again. This time find out:

   a Was the event a complete success?

   b Explain why this was.

3 Now fill in more details.

   c What date is being described?

   d How old is Suzanne?

   e Who or what is *citron pressé*?

idée

Every day,
- write the date in French
- write what you are wearing.

SOMMAIRE

Now I can ...

ask for and give the date

Quelle est la date aujourd'hui?	What's the date today?
C'est le trente août.	It's the 30th of August.
C'est quand, le concert/ le match?	When is the concert/ the match?
C'est le mardi premier juin.	It's Tuesday the first of June.
C'est quand, ton anniversaire?	When is your birthday?
C'est le dix-neuf juillet.	It's the 19th of July.

say and write the months

les mois	the months
janvier	January
février	February
mars	March
avril	April
mai	May
juin	June
juillet	July
août	August
septembre	September
octobre	October
novembre	November
décembre	December

talk about special days

le jour de l'An	New Year's Day
la fête nationale	Bastille Day (14th July)
Pâques	Easter
Noël	Christmas
mardi gras	Shrove Tuesday

understand and give greetings

Bonne Année!	Happy New Year!
Joyeuses Pâques!	Happy Easter!
Joyeux Noël!	Happy Christmas!
Bon anniversaire!	Happy Birthday!
Bonne fête!	Best wishes on your Saint's Day!

talk about presents

Qu'est-ce que tu as reçu comme cadeaux?	What presents did you get?
J'ai reçu un t-shirt et des CD.	I got a T-shirt and some CDs.

talk about clothes

les vêtements	clothes
des baskets (f pl)	trainers
une casquette	baseball cap
des chaussettes (f pl)	socks
des chaussures (f pl)	shoes
une chemise	shirt
une cravate	tie
un jogging	jogging trousers, tracksuit bottoms
une jupe	skirt
un pantalon	(pair of) trousers
un pull	jumper
une robe	dress
des sandales (f pl)	sandals
un short	(pair of) shorts
un sweat	sweatshirt
un t-shirt	T-shirt
des tennis (f pl)	tennis shoes, trainers

use numbers 70–100 (and beyond) (see page 51)

70	soixante-dix	80	quatre-vingts
71	soixante et onze	81	quatre-vingt-un
72	soixante-douze	82	quatre-vingt-deux
73	soixante-treize	90	quatre-vingt-dix
74	soixante-quatorze	91	quatre-vingt-onze
75	soixante-quinze	92	quatre-vingt-douze
76	soixante-seize	100	cent
77	soixante-dix-sept	200	deux cents
78	soixante-dix-huit	360	trois cent soixante
79	soixante-dix-neuf		

describe people's hair and eyes

J'ai/Il a/Elle a ...	I have/He has/She has ...
les cheveux longs.	long hair.
les cheveux courts.	short hair.
les cheveux frisés.	curly hair.
les cheveux raides.	straight hair.
les cheveux noirs/blonds.	black/blonde hair.
les cheveux roux.	red/ginger hair.
les cheveux châtains.	brown (chestnut brown) hair.
les yeux marron/verts.	brown/green eyes.
les yeux bleus/gris.	blue/grey eyes.
Je/Il/Elle porte des lunettes.	I wear/He/She wears glasses.

use the verb être (see page 47)

use adjectives (see page 49)

use plurals (see page 53)

use the verb avoir (see page 55)

Rappel 2
unités 4–5

1 Un jeu 5–4–3–2–1

Trouve ...

cinq couleurs

quatre animaux

trois vêtements

deux adjectifs

une fête

mignon
une cravate
blanc
vert   jaune
un hamster
Pâques   un cochon d'Inde
rouge   un lapin   une jupe
noir   une souris
une robe
grand

2 Chasse à l'intrus

a Trouve le mot qui ne va pas avec les autres.

b Explique pourquoi, si possible.

Exemple: *1 une carte – Les autres sont des choses à manger.*

1 un gâteau, une carte, un œuf, une crêpe

2 un chien, une chaussure, un chat, un cheval

3 un pantalon, un tricot, un short, un lapin

4 une cravate, un cahier, une calculatrice, un classeur

5 février, avril, bleu, juillet

6 jeudi, mercredi, méchant, vendredi

7 treize, neuf, mardi, onze

8 lundi, samedi, petit, dimanche

9 la chambre, le perroquet, la salle à manger, le salon

10 mon frère, ma sœur, mon père, ma maison

Pour t'aider

des animaux	des pièces
des jours de la semaine	des nombres
des vêtements	des choses à manger
des affaires scolaires	des membres de la famille
des mois	

3 Masculin, féminin

Écris deux listes.

Exemple:

masculin	féminin
un cadeau	

cadeaucasquettegâteaujupegommeoiseausalletrousseville

Pour t'aider

The following ending is usually masculine: *-eau*.
The following endings are usually feminine: a double consonant followed by -e, e.g. *fille* (but not *un homme*).

4 Ça commence avec 'c'

Trouve des choses qui commencent avec 'c'.

Exemple: *1 une chaise*

5 L'année en France

Complète les phrases.

Exemple: 1 *janvier*

1 Le premier _ _ _ _ _ _ _ , c'est le jour de l'An.

2 Le premier jour d'été, c'est le 21 _ _ _ _ .

3 Pâques, c'est quelquefois en _ _ _ _ et quelquefois en _ _ _ _ _ .

4 Le premier _ _ _ _ _ _ , on fait des poissons d'avril.

5 En _ _ _ , il y a la fête des Mères en France.

6 Au mois de _ _ _ _ _ _ _ ou de _ _ _ _ , il y a mardi gras.

7 Le quatorze _ _ _ _ _ _ _ , c'est la fête nationale en France.

8 Et le vingt-cinq _ _ _ _ _ _ _ _ , c'est Noël.

9 Le mois d' _ _ _ _ , c'est le mois des vacances.

10 Mais en _ _ _ _ _ _ _ _ _ , c'est la rentrée.

11 Au mois d' _ _ _ _ _ _ _ , c'est déjà l'automne.

12 Le onze _ _ _ _ _ _ _ _ , c'est l'armistice.

l'armistice   *Remembrance Day*

6 Beaucoup de cadeaux

Décris les cadeaux.

Exemple: 1 *Le pull est vert.*

baskets	chaussures	rouge
blanches	gris	rouges
bleu	hamsters	sac
bleue	jaunes	stylos
bruns	noires	trousse
casquette	perroquet	vert
chaussettes	pull	

7 Questions et réponses

a   Complète les questions avec **ton**, **ta** ou **tes**.

Exemple: 1 *ton*

1 Quel est ___ jour favori?

2 Quel âge a ___ frère?

3 De quelle couleur est ___ maison?

4 Est-ce que ___ ville est grande?

5 Comment s'appellent ___ amis?

6 Est-ce que ___ parents sont profs?

b   Complète les réponses avec **mon**, **ma** ou **mes**.

Exemple: a *ma*

a Oui, ___ ville est assez grande.

b ___ amis s'appellent André et Lucie.

c ___ jour favori est le dimanche.

d Oui, ___ parents sont profs.

e ___ maison est blanche.

f ___ frère a treize ans.

c   Trouve les paires.

Exemple: 1c

8 Charles

Complète les phrases avec la forme correcte du verbe **avoir** ou **être**.

Exemple: 1 *Je suis*

1 Je ___ anglo-français.

2 Mon père ___ français et ma mère ___ anglaise.

3 J' ___ douze ans.

4 J' ___ un frère et une sœur.

5 Mon frère ___ quinze ans.

6 Il ___ assez grand.

7 Ma sœur ___ sept ans.

8 Elle ___ petite.

9 Nous ___ aussi deux chiens.

10 Ils ___ gros, mais ils ___ gentils.

11 Mes amis ___ Marc et Jean.

12 Nous ___ dans la même classe au collège.

unité 6
Qu'est-ce que tu fais?

6A | Quel temps fait-il?

- *talk about the weather*
- *say what the temperature is*

1 Le temps en France

Légende

il y a du brouillard

il pleut

il fait chaud

il y a du soleil

il fait froid

il y a du vent

il fait mauvais

il fait beau

il neige

a Vrai ou faux?

Exemple: 1 *faux*

1 Il fait beau à Paris.
2 Il pleut à Lille.
3 Il fait mauvais à Nice.
4 Il y a du vent à Bordeaux.
5 Il neige à Dieppe.
6 Il fait mauvais à La Rochelle.
7 Il y a du brouillard à Rennes.
8 Il y a du soleil à Strasbourg.

b Complète les phrases.

Exemple: 1 À *Dieppe, il y a du brouillard.*

1 À Dieppe, ___.
2 À Strasbourg, ___.
3 À Paris, ___.
4 À Nice, ___.
5 À Toulouse, ___.
6 À Grenoble, ___.
7 À Lille, ___.

2 Les températures

Quelle température fait-il?
Est-ce qu'il fait chaud ou froid?

Exemple: À *Bordeaux, il fait 21 degrés.*
Il fait chaud.

Bordeaux	21°C
Dieppe	0°C
Grenoble	−2°C
Lille	3°C
Lyon	16°C
Nice	23°C
Paris	6°C
Rennes	5°C
Strasbourg	4°C
Toulouse	22°C

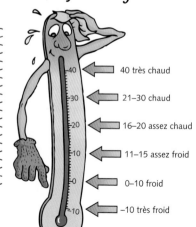

40 très chaud
21–30 chaud
16–20 assez chaud
11–15 assez froid
0–10 froid
−10 très froid

3 Voici la météo

Écoute. C'est le 5 mars.

a Quel temps fait-il?

b Quelle température fait-il?

Exemple: 1a *C*, 1b 7°C

1 Paris
2 Rennes
3 Bordeaux
4 Toulouse
5 Nice
6 Grenoble
7 Strasbourg
8 Lille
9 Dieppe

(A) (B) (C) (D) (E) (F) (G) (H) 25 (I)

4 Inventez des conversations

Travaillez à deux. Regardez les détails, puis inventez une conversation.

Exemple:

Salut, (Fabio). C'est (Marie).

Bonjour, (Marie). Où es-tu?

Je suis à Grenoble.

Quel temps fait-il?

Il neige.

Quelle température fait-il?

Moins cinq.

Ville	Grenoble	Strasbourg	Lille	Nice
Temps	❄️❄️❄️	25	🌧️	☁️
Température	–5°	7°	9°	14°

5 La météo aujourd'hui

Lis les descriptions et regarde la carte à la page 60. Quelle description correspond à la carte?

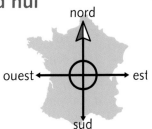

nord — ouest — est — sud

1 Mauvais temps dans le nord de la France avec de la pluie à Paris et à Lille. Beau temps en général sur le sud, mais il y a du brouillard à Bordeaux et à Toulouse. Dans les Alpes, il fait froid et il neige.

2 Dans le nord de la France, il fait mauvais avec de la pluie à Lille et du brouillard à Rennes. Vent du nord à Bordeaux. Mais dans la région méditerranéenne, il fait beau – il y a du soleil à Nice et aussi à la Rochelle, sur la côte Atlantique. Dans les Alpes, il fait froid et il neige.

3 Le mauvais temps continue dans le nord de la France, avec de la pluie à Paris et à Lille. Mais il ne fait pas mauvais partout. Dans la région méditerranéenne, par exemple à Nice, il fait beau et il y a du soleil. Du soleil aussi à Lyon, mais à Bordeaux, il fait mauvais et il pleut. Et dans les Alpes, il neige.

Stratégies

un parapluie   un parasol   un paravent

Notice that each of the above words begins with **para...** What do you think **para...** means?

- **talk about months and seasons**
- **understand more about accents**

1 Les quatre saisons

a C'est quelle saison?

Exemple: **1 le printemps**

1 Ça commence le 21 mars.

2 Ça commence le 21 septembre.

3 Ça commence le 21 juin.

4 Ça commence le 21 décembre.

5 C'est novembre.

6 C'est août.

7 C'est avril.

8 C'est le jour de l'an.

b Complète les phrases.

Exemple: **1 Au printemps, il fait beau.**

1 Au printemps, il fait b___ .

2 Il y a du s___ .

3 Quelquefois, il p___ .

4 En été, il fait c___ .

5 Normalement, le ciel est b___ .

6 En automne, il y a du v___ .

7 Quelquefois, il y a du b___ .

8 En hiver, il fait f___ .

9 Il fait souvent m___ .

10 Quelquefois, il n___ .

Au printemps
Il fait beau.
Il y a du soleil.

En été
Il fait chaud.
Le ciel est bleu.

Moi, j'adore le soleil.

Je déteste le froid!

Quelle pluie!

Quel vent! Aïe, mon parapluie!

Moi, j'adore la neige.

En hiver
Il fait froid.
Il fait mauvais.
Il neige.
Il pleut.

En automne
Il y a du vent.
Il y a du brouillard.

2 Des mots utiles

Écris une phrase avec **souvent**, **quelquefois** ou **normalement** pour chaque saison.

Exemple: **En été, il fait souvent beau.**

3 Trouve le mot

Écris 1–8. Écoute et écris le mot.

Exemple: **1 là**

été	où	île
là	Noël	août
leçon	hôpital	

Dossier-langue

les accents

Sometimes an accent changes the meaning not the sound, e.g.

à Paris = 'to' or 'at'

Elle a un chat. = 'has', from the verb **avoir**

Où est le lapin? = 'where'

Tu préfères les chiens ou les chats? = 'or'

A circumflex accent can be found on any vowel, e.g.

hâte (haste)   **île** (island)   **hôpital** (hospital)   **août** (August)

Look at the English translation. Often a circumflex accent in the French corresponds to a letter in the English word. Which letter? Use this to work out the English for: **la forêt**   **la côte**

A cedilla under c (ç or c-cédille) makes the 'c' soft like 'ss', e.g. **garçon**.

You have also met 'ë' (**Noël**) and 'ï' (**Aïe**). The two dots (**tréma**) indicate that you should sound each vowel separately.

Dossier-langue

How do the French say 'in summer', 'in autumn', 'in winter', 'in spring'?

Why do you think there is a different word for 'in' with one season?

Stratégies

The words **souvent** (often), **quelquefois** (sometimes), **normalement** (usually) tell you how frequently something happens. They are used here to talk about the weather, but could they be used in different contexts?

4 Le climat en France

La France est un grand pays et le climat est différent dans le nord, dans le sud, au centre et à la montagne.

Regarde les photos et trouve le texte qui correspond.

a Il neige souvent à la montagne en hiver. Le ski est très populaire.

b Beaucoup de cafés ont une terrasse. C'est agréable quand il fait beau.

c En hiver, il ne fait pas très froid et en été, il fait chaud. On cultive des pêches et des raisins.

d Il y a des volets aux fenêtres. On ferme les volets quand il fait très chaud.

Dossier-langue

Quand il fait beau ...   When the weather's good ...
Quand il fait très chaud ...   When it's very hot ...
You can use **quand** + a weather phrase, just as in English.
Think of a suitable weather phrase to complete these sentences.
Quand il ___ je reste à la maison.
Quand il ___ je joue au football.

5 Dossier personnel

Où habites-tu? Quel temps fait-il? Écris quelques phrases dans ton **Dossier personnel**.

Exemple:

Moi, j'habite à Newcastle.
En hiver, il fait assez froid et il y a du vent.
Au printemps, il fait beau, mais il pleut souvent.

6 C'est quel mot?

Travaillez à deux. Une personne pose la question. L'autre donne la réponse. Après deux questions, changez de rôle.

Exemple: **1** Un mois au printemps qui commence par 'a', c'est quel mot? — avril

1 Un mois au printemps qui commence par 'a'.
2 Une saison qui commence par 'a'.
3 Un mot qui décrit le temps et qui commence par 'b'.
4 Un mot qui décrit le temps et qui commence par 'c'.
5 Un mois en hiver qui commence par 'd'.
6 Une saison qui commence par 'é'.
7 Un mois qui commence par 'f'.
8 Une saison qui commence par 'h'.
9 Un mois en été qui commence par 'j'.
10 Un article, très utile quand il pleut, qui commence par 'p'.

Stratégies

Everday sayings (idioms)

Many languages have some everyday sayings, which can't be translated directly. In English there is an expression, 'it's raining cats and dogs' which has no direct equivalent in French.

In French, you could say, **'il pleut des cordes.'** Can you work out what the literal translation of this is?

Another everyday French expression about the weather is, **'il fait un temps de chien'**. What do you think this means?

■ *talk about sport*
■ *use the verb jouer*

1 Au club de sports

Écris 1–8. Écoute et trouve la bonne photo.

Exemple: 1A

> Nous jouons au volley.

Claire et Thomas

> Je joue au tennis.

Simon

> Nous jouons au football.

Paul et Yannick

> Je joue au basket.

Marc

> Je joue au golf.

Sophie

> Je joue au hockey.

Ibrahim

> Nous jouons au tennis de table.

Daniel et Luc

> Nous jouons au badminton.

Jonathan et Nicole

2 C'est faux!

Lis les phrases et corrige les erreurs.

Exemple: 1 *Marc joue au basket.*

1 Marc joue au rugby.
2 Claire et Thomas jouent au badminton.
3 Ibrahim joue au football.
4 Paul et Yannick jouent au hockey.
5 Simon joue au golf.
6 Sophie joue au tennis.
7 Daniel et Luc jouent au volley.
8 Jonathan et Nicole jouent au tennis de table.

3 Inventez des conversations

Travaillez à deux. Lisez la conversation, puis changez les sports.

> Qu'est-ce que tu fais aujourd'hui?

> Je joue au tennis. Et toi?

> Non, moi, je joue au basket.

Dossier-langue

français	anglais
jouer au football	to play football
jouer au volley	to play volleyball
jouer au tennis	to play tennis
Why is the word different here?	
jouer aux cartes	to play cards

Dossier-langue

jouer (to play) – a regular -er verb

In the activities on page 64, you have been using different parts of the verb **jouer** (to play).

The infinitive, **jouer**, ends in **-er** and follows a regular pattern, shown here.

① The part of the verb which stays the same is called the **stem** – in this case **jou-**.

② The bit that changes is called the ending, e.g. **-er**, **-e** and **all the highlighted parts in the verb table.**

	1	2	5
je	joue	I play, I'm playing	
tu	joues	you play, you are playing	
il	joue	he plays, he is playing	
elle	joue	she plays, she is playing	
nous	jouons	we play, we are playing	
vous	jouez	you play, you are playing	
ils	jouent	they play, they are playing	
elles	jouent	they play, they are playing	

③ Each pronoun (*je*, *tu*, *il*, etc. – the person of the verb) has its own matching ending, e.g. *tu joues*, *ils jouent*.

④ Most of the endings on **-er** verbs sound the same or are silent BUT they may not be spelt the same. Only the **nous** and **vous** endings sound different.

⑤ There is only one present tense in French. It is used to translate 'I play', 'I'm playing' and 'I do play'.

4 Ils jouent bien?

Choisis le bon mot.

Exemple: 1 *Je joue*

1 Je (joue/joues/jouent) au hockey.

2 Tu (joue/joues/jouez) beaucoup?

3 Ma fille (joues/joue/jouons) dans sa chambre.

4 Nous (jouons/jouez/jouent) avec Pierre, maman.

5 Vous (joue/jouent/jouez) au badminton?

6 Ils (joues/jouons/jouent) dans le jardin.

5 Du sport pour tous

Complète les phrases.

Exemple: 1 *vous jouez au volley?*

1 Au collège, est-ce que vous ?

2 Non, mais nous [ ] .

3 Et toi, tu [ ] ?

4 Oui, je [ ] .

5 Et ton frère, est-ce qu'il [ ] ?

6 Non, mais ma sœur [ ] .

7 Mon frère [ ] .

8 Est-ce que tes parents ?

9 Oui, ils [ ] .

10 Et mon grand-père [ ] , mais sur l'ordinateur!

6 Dossier personnel

Écris des phrases sur le sport ou les jeux. Ècris des questions aussi.

1 Un film avec Tom et Jojo

Écoute et lis l'aventure de Tom et Jojo.

Jojo est une souris. Elle pense à quelque chose. C'est le fromage.

Tom est un chat. Il pense à quelque chose. C'est Jojo.

Voilà le fromage. Voilà Jojo.

Jojo mange le fromage.

Voilà Tom. Tom entre dans la cuisine.

Tom chasse Jojo. Est-ce qu'il mange Jojo? Jojo entre dans le salon.

Tom saute sur Jojo. Il attrape Jojo?

Aïe!! Non, il n'attrape pas Jojo.

Tom chasse Jojo dans la salle de bains. Il saute ...

Pouf! Non! Il n'attrape pas Jojo dans la salle de bains.

Jojo rentre dans la cuisine. Voilà le fromage! Mais voilà Tom!

Et voilà Butch! Butch arrive. Butch n'aime pas Tom. Il chasse Tom ... et Jojo mange le fromage.

2 Vrai ou faux?

Exemple: 1 *vrai*

1 Jojo aime le fromage.
2 Elle trouve du fromage dans le jardin.
3 Jojo commence à manger le fromage.
4 Mais Tom saute sur le fromage.
5 La souris chasse le chat dans le salon.

6 Tom saute sur Jojo mais il n'attrape pas Jojo.
7 Jojo entre dans la salle de bains; Tom aussi.
8 Jojo rentre dans la cuisine, mais le chat aussi est là.
9 Un chien arrive.
10 Les trois animaux mangent le fromage.

3 Où est le verbe?

Trouve les verbes dans les phrases. Copie chaque verbe.

Exemple: **1** *écoute*

1 J'écoute la conversation.
2 Tu habites à Bordeaux?
3 Il clique sur la souris.
4 Elle parle français.
5 Nous surfons sur le Net.
6 Vous aimez le sport?
7 Ils cherchent le chat.
8 Elles détestent le froid.

Pour t'aider

Regarde les verbes (en vert).
Je saute sur une chaise.
Tu dessines un éléphant?
Il chasse Jojo.
Nous écoutons de la musique.
Vous cherchez les animaux?
Ils inventent une machine.

Dossier-langue

regular -er verbs

The infinitive

Many verbs have an **infinitive** ending in **-er**, e.g. *aimer*. You normally have to change the infinitive before you use it.

The stem

If you take off the **-er**, you are left with the **stem** of the verb, e.g. *aim-*. This appears in all parts of the verb.

The endings

French verbs have different endings according to the person or subject of the verb (I, you, he, she, we, they, etc.). The endings are added to the stem.

singular		plural	
je (or j')	*-e*	*nous*	*-ons*
tu	*-es*	*vous*	*-ez*
il	*-e*	*ils*	*-ent*
elle	*-e*	*elles*	*-ent*

Many verbs are regular **-er** verbs. Here are two examples.

chanter (to sing)

je chante	*nous chantons*
tu chantes	*vous chantez*
il chant	*ils chantent*
elle chante	*elles chantent*

aimer (to like)

j'aime	*nous aimons*
tu aimes	*vous aimez*
il aime	*ils aiment*
elle aime	*elles aiment*

If the verb begins with a vowel (a, e, i, o, u) or sometimes 'h', use *j'* instead of *je*, e.g. *j'aime*, *j'écoute*, *j'habite*.

How many regular **-er** verbs can you think of?

---

4 Pendant les vacances

 Écoute et trouve les paires.

Exemple: **1b**

> François, tu aimes les vacances?

> Bien sûr, et j'adore le camping.

1	François ...	a	aiment le ski.
2	Christine et sa famille ...	b	adore le camping.
3	En hiver, Jean-Marc et Sandrine ...	c	passent les vacances d'été au soleil.
4	En été, Jean-Marc et Sandrine ...	d	écoutent de la musique.
5	M. et Mme Duval ...	e	invitent des amis à la maison.
6	Mathilde ...	f	aime les animaux.
7	Nicolas et Isabelle ...	g	chante dans un groupe.
8	Isabelle ...	h	jouent au football.
9	Le soir, Nicolas et ses amis ...	i	joue sur l'ordinateur.
10	Quand il pleut, Nicolas ...	j	travaillent à la ferme.

- talk about family activities
- say what you do at weekends
- practise using -er verbs

1 Les frères, c'est difficile!

a Lis le message et complète le résumé.

Exemple: 1 *frère*

> ◄ ⬆✉ ⬇✉ 🖫 ⬛ Aa
>
> Voilà mon problème. J'ai un petit frère. Il s'appelle Henri. Il a quatre ans et il partage ma chambre.
>
> Il est très, très méchant. Il saute sur le lit, il dessine sur les murs, il écoute mon baladeur, il mange mes bonbons. Quand je travaille, il chante et il danse.
>
> Quand je raconte tout ça à ma mère, elle dit: «Mais il est petit, il est mignon!». Qu'en pensez-vous?
>
> Alain, Paris

b Relis le message d'Alain. Trouve au moins dix verbes. Écris une liste.

Exemple: *J'ai, ...*

> Alain a un petit (1) —— difficile. Il s'appelle Henri.
>
> Henri partage une (2) —— avec Alain.
>
> Mais Henri est (3) ——. Il (4) —— sur le lit. Il (5) —— sur les murs.
>
> Il (6) —— les bonbons d'Alain.
>
> Il (7) —— son baladeur.
>
> Quand Alain (8) ——, Henri (9) —— et il (10) ——.

2 Les Paresseux

Complète les phrases d'Anne Active.

Exemple: 1 *nous organisons*

La famille de mon cousin, Paul Paresseux, n'est pas très active.

1 Au printemps, nous (organiser) la maison, ...

2 ... mais les Paresseux (surfer) sur le Net!

3 En été, nous (jouer) au tennis, ...

4 ... mais les Paresseux (regarder) le tennis à la télé.

5 Le soir, nous (danser) dans une boîte, ...

6 ... mais ils (écouter) de la musique à la maison.

7 En automne, nous (travailler) dans le jardin, ...

8 ... mais ils (rester) à la maison – ils (consulter) des livres.

9 Au mois de décembre, nous (chanter) des chants de Noël, ...

10 ... mais ils (écouter) des chants à la radio.

11 Mais le 25 décembre, nous (fêter) Noël tous ensemble.

3 Le week-end

Complète les phrases.

Exemple: 1 *Je prépare*

Je ___ des crêpes. (préparer)

Tu ___ au concert? (chanter)

Il ___ les chiens. (détester)

Elle ___ dans le jardin. (travailler)

Nous ___ sur le Net. (surfer)

Vous ___ , Anne et Lucie? (travailler)

Ils ___ le rugby? (aimer)

Elles ___ un DVD. (regarder)

4 Deux interviews

 a Écoute l'interview d'Anne. Choisis la bonne phrase.

Exemple: 1b

1 a J'adore le sport.
  b Je n'aime pas le sport.
2 a Je retrouve des amis.
  b Je range le salon.
3 a Nous dansons ensemble.
  b Nous discutons ensemble.
4 a Nous écoutons de la musique.
  b Nous jouons au Monopoly.
5 a Je joue à la console.
  b Je joue aux cartes.
6 a Je prépare un gâteau.
  b Je regarde une vidéo.

 b Écoute l'interview de Marc. Trouve les paires.

Exemple: 1c

1 Marc ...   a avec des amis.
2 Il joue au football ... b la musique.
3 Il joue au ...   c adore le sport.
4 Il regarde du ...   d tennis dans le parc.
5 Il n'aime pas ...   e sport à la télé.

5 Une longue conversation

 Travaillez à deux. Continuez le plus longtemps possible.

Exemple:

Qu'est-ce que tu fais normalement, le week-end?

Je joue souvent au foot. J'adore ça. Et toi?

Moi, je joue au tennis. Et quand il pleut?

Je surfe sur Internet. Et toi?

Je regarde un film. Tu retrouves des amis?

Oui, quelquefois. Tu aimes le sport à la télé?

Non, je déteste ça.

Stratégies

1 To keep a conversation going, it's useful to be able to ask questions as well as answer them.

2 Can you find the words you learnt earlier for 'often', 'usually' and 'sometimes'. They are called 'high frequency' words because you can use them a lot and in many different contexts.

6F | On s'amuse

- use *on* + verb
- **talk about different activities according to the weather**

1 La fête de la science

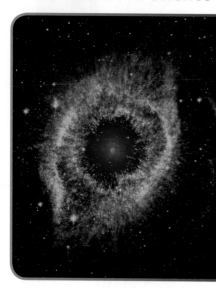

En octobre, on organise un grand festival de la science en France et dans d'autres pays d'Europe. Dans beaucoup de villes, il y a des activités sur les sciences, par exemple des expositions, des visites de laboratoires, de sites naturels et industriels, des conférences, du cinéma et des spectacles.

On monte des expositions sur des thèmes scientifiques, comme la conquête de l'espace, le climat, l'eau, la recherche dans l'Antarctique. Quelquefois, on monte un petit planétarium pour regarder les planètes et les étoiles.

Tout est gratuit pour le public. C'est très populaire et plus d'un million de personnes participent à la fête.

Tu comprends?

1 When is the science festival held?

2 Name some of the activities mentioned.

3 Do people have to pay to attend?

4 About how many people attend?

2 C'est quoi en anglais?

Exemple: 1 *Shall we watch the film on TV?*

1 On regarde un film à la télé?

2 Il pleut, alors on surfe sur Internet?

3 À Pâques, on mange des œufs en chocolat.

4 À l'Eid, on prépare un grand repas.

5 À Diwali, on allume des lampes.

6 On ne joue pas au foot dans la cuisine.

7 Il fait beau; on joue au tennis?

8 On ne parle pas anglais en France.

3 Qu'est-ce qu'on fait?

À deux, proposez des idées.

a Il fait beau. Proposez quatre activités d'extérieur.

Exemple:

> Il fait beau. On joue au foot?

b Il pleut. Proposez des activités d'intérieur.

Dossier-langue

on

On is translated in different ways.

1 It can mean 'people in general' or 'they', e.g.

   On organise un grand festival.
   People (They) organise a big festival.

2 It can mean 'everybody' or 'you', e.g.

   Quand il pleut, on cherche un parapluie.
   When it rains, you look for an umbrella.

3 It can also mean 'we', especially when talking about you, your family and friends, e.g.

   Le lundi, on a français.
   On Mondays, we have French.

   On s'amuse.
   We're having a good time.

4 It is often used to make suggestions, e.g.

   Qu'est-ce qu'on fait? What shall we do?

Look at the examples above. Which part of the verb (*je/tu/il/elle*, etc.) is used with *on*?

4 Au téléphone

a Suzanne et Luc

Écoute et complète les phrases.

Exemple: 1 Bordeaux

1 Luc est à ___ .
2 On joue un match de ___ .
3 Il fait ___ .
4 Suzanne est à ___ .
5 Il fait ___ .
6 Elle range sa ___ .

> beau
> basket
> chambre
> Bordeaux
> mauvais
> la Rochelle

b Nicole et Max

Écoute et réponds aux questions.

Exemple: 1 Max

1 Qui téléphone à Nicole?
2 Qui travaille sur l'ordinateur?
3 Qui joue au tennis?
4 Qui préfère rester à la maison?
5 Quel temps fait-il?

Prononciation

When a syllable ends in 'n' or 'm', the 'n' or 'm' is not pronounced, but the vowel (a, e, i, o, u) is pronounced through the nose.

words with on and om

Écris 1–4. Écoute et écris la bonne lettre.

a combien **b** conquête **c** sont **d** compter

words with in, ain and im

Écris 1–4. Écoute et écris la bonne lettre.

a printemps **b** juin **c** important **d** américain

5 Inventez des conversations

Lisez à deux, puis inventez d'autres conversations.

Toulouse Lyon Strasbourg Bordeaux

– Salut. Ça va?
– Oui, ça va.
– Quel temps fait-il à Toulouse ?
– il fait chaud , mais il pleut .
– Et qu'est-ce que tu fais?
– Je reste à la maison . Je travaille . Et toi?
– Moi, je joue au golf .

> il pleut
> il fait froid
> il y a du brouillard
> il y a du vent

> il fait beau
> il fait chaud
> il y a du soleil

> je joue au tennis/golf/
>   football/rugby (etc.)
> je reste à la maison
> je joue sur l'ordinateur
> je regarde un film
> j'écoute de la musique
> je travaille (etc.)

6 Des cartes postales

a Complète les phrases.

Exemple: I janvier

Strasbourg, le 24 (1) ___

On (2) ___ trois jours ici. Il fait (3) ___ et (4) ___ pleut. (5) ___ reste à la maison. Mes amis (6) ___ de la guitare. Moi, je (7) ___ un DVD et mon frère (8) ___ un gâteau.
Amitiés,
Alex

> prépare mauvais
> passe On il janvier
> jouent regarde

b Écris une carte postale.

Stratégies

writing a postcard

Write the place where you're staying and the date at the top right.

Write your message.

Finish off with a suitable phrase, such as **Amitiés, Ton ami(e), À bientôt**.

Sign your name.

> Strasbourg, le 20 janvier
> Strasbourg est super!
> Ton amie, Anne

Pour t'aider

Où es-tu? Avec qui? (ma famille/mes amis, etc.)
Quel temps fait-il?
Qu'est-ce que tu fais/vous faites?

6G | On invente des conversations

■ *practise and improve speaking skills*

1 Des questions

Écris trois nombres entre 1 et 3. Écris des questions.

Exemple: a *3 Qu'est-ce que tu fais quand il fait mauvais?*

a Qu'est-ce que tu fais …
1 le week-end?
2 en été?
3 quand il fait mauvais?

b Est-ce que tu joues au …
1 badminton?
2 tennis de table?
3 ? (ton choix)

c Tu aimes …
1 les animaux?
2 le sport?
3 ? (ton choix)

2 Des réponses

Écris des réponses aux trois questions.

Pour t'aider

a Je retrouve mes amis.
On joue souvent au tennis/football/basket quand il fait beau.
b Oui, je joue souvent au …
Non, je ne joue pas au … , mais je joue au …
Quelquefois, quand il fait beau, mais je n'aime pas beaucoup le …
c Oui, j'aime beaucoup …
Un peu, mais je préfère …
Non, je n'aime pas …

Stratégies

using words you know

You know **les vacances** (holidays) and you know **Noël**, so work out the meaning of **les vacances de Noël** and **les vacances de Pâques**.

Stratégies

improving your speaking

When replying to questions, try to give a detailed answer:

- say 'when', e.g. **samedi, le week-end, en été, quand il fait beau**
- say 'who with', e.g. **avec mon frère/ma sœur**
- use **normalement** (usually), **souvent** (often) and **quelquefois** (sometimes)
- use connectives, e.g. **et** (and), **mais** (but).

3 Deux personnes

Écoute et trouve les bons mots.

Exemple: **1** *le week-end*

– Qu'est-ce que tu fais (**1**) ___ ?

– Je joue souvent au foot avec mes (**2**) ___ .
Quand il fait (**3**) ___ , je surfe sur Internet. Est-ce que tu joues au foot?

– Non, je ne joue pas au foot, mais quelquefois, je joue au (**4**) ___ avec ma sœur. Tu aimes le sport?

– Oui, j'adore le sport. Je joue au foot et au (**5**) ___ et je regarde souvent des matchs à la (**6**) ___ . Et toi?

– Le sport, ça va, mais je préfère écouter de la (**7**) ___ ou surfer sur Internet.

4 Une conversation

Composez au moins trois questions et réponses.

Exemple:

– Qu'est-ce que tu fais pendant les vacances?

– Je joue quelquefois au badminton. Et toi, qu'est-ce que tu fais?

– J'écoute de la musique … j'adore la musique. Tu aimes le sport?

– Oui, j'aime beaucoup le sport. Et toi, tu aimes les jeux vidéo?

– Non, pas beaucoup. Ma sœur aime ça, mais moi, je préfère regarder la télé.

idée Practise saying what the weather is like each day for a fortnight. How many different phrases can you use?

SOMMAIRE

Now I can ...

■ **talk about the weather**

Quel temps fait-il?	What's the weather like?

Il fait beau.	It's fine.
chaud.	It's hot.
froid.	It's cold.
mauvais.	The weather's bad.
Il pleut.	It's raining.
Il neige.	It's snowing.
Il y a du brouillard.	It's foggy.
du soleil.	It's sunny.
du vent.	It's windy.
Le ciel est bleu.	The sky is blue.

■ **talk about the seasons of the year**

le printemps	spring
au printemps	in spring
l'été (m)	summer
en été	in summer
l'automne (m)	autumn
en automne	in autumn
l'hiver (m)	winter
en hiver	in winter

■ **use some regular French verbs that end in -er (see page 67)**

adorer	to love, adore
aimer	to like, love
arriver	to arrive
chercher	to look for
cliquer	to click
détester	to hate
écouter	to listen to
entrer	to enter
habiter	to live in
jouer	to play
penser	to think
regarder	to watch, look at
rentrer	to come back
rester	to stay
surfer	to surf
taper	to type
téléphoner	to phone
travailler	to work

■ **use some high frequency words**

normalement	usually
quelquefois	sometimes
souvent	often

■ **talk about some sports**

Je joue au	badminton.	I play badminton.
	basket.	basketball.
	foot(ball).	football.
	golf.	golf.
	hockey.	hockey.
	rugby.	rugby.
	tennis.	tennis.
	tennis de table.	table tennis.
	volley.	volleyball.

■ **discuss other activities**

Qu'est-ce que tu fais?	What are you doing?
Qu'est-ce que tu fais le week-end?	What do you do at weekends?
Qu'est-ce que tu fais quand il fait mauvais?	What do you do when the weather's bad?
Je reste à la maison.	I stay at home.
Je regarde un DVD.	I watch a DVD.
un film.	a film.
la télévision.	TV.
J'écoute de la musique.	I listen to music.
la radio.	the radio.
Je chante.	I sing.
Je danse.	I dance.
Je dessine.	I draw.
Je range ma chambre.	I tidy up my room.
Je joue sur la console de jeux.	I use the playstation.
Je travaille.	I work.
Je joue/travaille sur l'ordinateur.	I play/work on the computer.
Je surfe sur Internet.	I surf the Internet.
Je regarde mes e-mails.	I look at my emails.
Je tape des messages.	I type messages.
Je téléphone à un(e) ami(e).	I phone a friend.
Je retrouve mes amis.	I meet up with my friends.
Je discute avec mes amis.	I chat with my friends.
On joue à des jeux vidéo.	We play computer games.
On joue aux cartes.	We play cards.

Presse – Jeunesse ②

Tom et Jojo – Jojo gagne le fromage

1 Jojo cherche du fromage. Mais il n'y a pas de fromage dans la cuisine aujourd'hui.

2 Jojo entre dans la salle à manger. Voilà! Il y a du fromage sur la table. Jojo adore le fromage. Elle saute sur la table.

3 Mais Tom est aussi dans la salle à manger. Il saute sur la table.

4 Jojo saute sur la télévision.

5 Tom saute aussi sur la télévision.

6 Voici Jean-Pierre. Il entre dans la salle à manger. Il regarde Tom.

7 Jean-Pierre prend le fromage. Soudain, il regarde Jojo. Il saute sur une chaise.

8 Le fromage roule. Il roule chez Jojo. Jojo est très contente.

Le sais-tu?

fêtes ...
L'origine des coutumes de Noël

La bûche de Noël

À Noël, nous mangeons une bûche en chocolat.

Son origine est la vraie bûche traditionnelle qui brûle sur le feu toutes les nuits du 24 décembre jusqu'au 1 janvier.

Le Père Noël

Ce Père Noël n'est pas le seul – dans d'autres régions de France, il y en a d'autres. Par exemple, dans le nord-est, c'est le Saint-Nicolas sur son âne qui distribue des cadeaux, le 6 décembre.

Dans le centre de la France, il y a la tradition du Père Janvier, pour le Nouvel An.

En Lorraine, voici une tradition pas très populaire: avec le Saint-Nicolas, il y a un autre homme, le Père Fouettard, qui punit les enfants méchants!

La crèche

En France à Noël, il y a une crèche dans beaucoup de maisons et dans les églises aussi, bien sûr. Mais c'est le saint François d'Assise qui a inventé la première crèche, à Gubbio en Italie en 1223.

Le nouvel élève

1 Il y a un nouvel élève en quatrième au Collège Marie Curie.

Il a l'air sympa, le nouvel élève!

2 Comment t'appelles-tu?

Je m'appelle Patrick.

Tu habites près d'ici?

Non, j'habite au village avec ma mère et mon petit frère.

3 C'est mon anniversaire aujourd'hui, Patrick. On va au café après les cours. Tu viens?

Ah non, je regrette, mais je ne peux pas venir.

4 Quelques jours après ...

Bravo Patrick!

Il joue bien, ce garçon!

5 Fantastique, Patrick! Est-ce que tu peux jouer dans notre équipe, samedi après-midi?

Ah non, je voudrais jouer, mais le samedi, je ne peux pas.

6 Un jour la classe de Patrick est punie. Toute la classe reste vingt minutes après les cours – avec une exception!

Oui, oui. Je comprends. Tu peux rentrer à la maison.

Ce n'est pas juste!

Mais ça alors!

7 Maintenant, la vie est difficile pour Patrick et il n'est pas très populaire.

8 Mais un jour ...

Ah, maintenant, je comprends!

9 Patrick, maintenant on comprend.

Oui, Patrick – ta mère travaille et tu restes avec ton petit frère. C'est ça, ton problème, non?

Oui, ... mais ... ?

Si tu veux, on va t'aider.

10 Maintenant tout va bien. Patrick est très populaire et très heureux – et son petit frère aussi.

FIN

il a l'air sympa   *he looks nice*

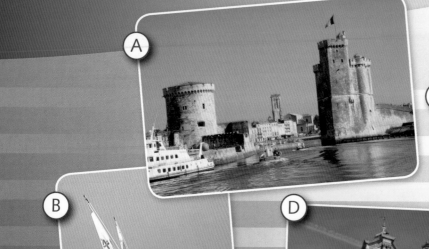

1 Voici La Rochelle

La Rochelle est une ville touristique très populaire avec plus de trois millions de visiteurs par an.

Écoute et lis. Puis trouve l'image qui correspond.

Exemple: 1l

1 Salut! Je m'appelle Marine, et voici mon frère, Noah.

Nous habitons à La Rochelle. C'est une ville dans l'ouest de la France.

2 La Rochelle est au bord de la mer, alors on fait beaucoup de sports nautiques.

3 Dans le centre-ville, il y a beaucoup de magasins et de cafés.

4 Et il y a un marché dans les rues le mercredi et le samedi.

5 En été, il fait très beau ici et beaucoup de touristes visitent la ville. Ils vont au vieux port et ses trois tours. Quelquefois, il y a des acrobates et des clowns, c'est amusant.

6 Moi, je vais souvent à la piscine.

7 Pour aider les touristes, il y a un office de tourisme. Il y a des touristes français, mais aussi beaucoup de touristes britanniques.

8 Les touristes logent à l'hôtel, au camping ou à l'auberge de jeunesse.

9 Voici l'hôtel de ville avec son drapeau tricolore.

10 En ville, il y a des jardins et des parcs.

11 Il y a aussi des musées et un aquarium.

12 Et, au mois de juillet, il y a un grand festival de musique avec beaucoup de concerts. Ça s'appelle les Francofolies.

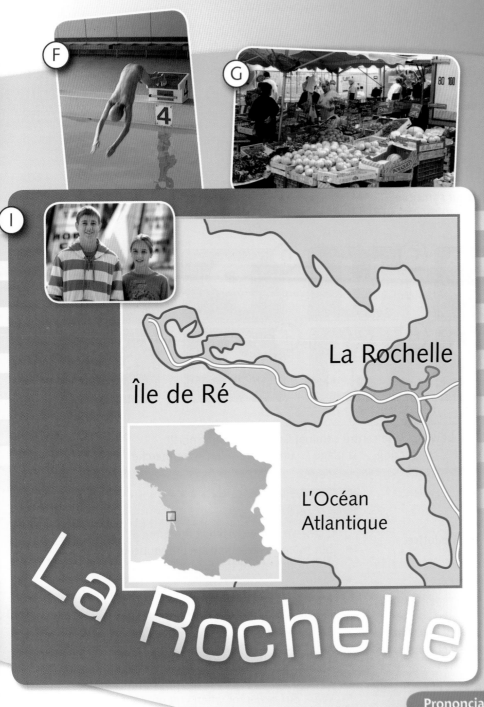

La Rochelle

Île de Ré

La Rochelle

L'Océan Atlantique

Prononciation

la lettre 'h'

a Écris 1–5. Écoute et écris la bonne lettre.

a hôtel **b** habitons **c** hiver

d hamster **e** huit

Did you hear the letter 'h'?

b Prononce ces mots. Écoute et vérifie.

homme *hôpital* *horrible*

histoire *horizon*

c Here's a silly sentence to help you practise and remember.

Huit hamsters habitent en haut de l'hôtel en hiver.

2 Trouve les paires

Exemple: 1e

1 un musée	**a** tower
2 un magasin	**b** youth hostel
3 l'hôtel de ville (m)	**c** shop
4 la piscine	**d** market
5 le marché	**e** museum
6 la tour	**f** swimming pool
7 une rue	**g** town hall
8 l'auberge de jeunesse (f)	**h** street

■ *learn more town vocabulary*
■ *ask about places*

1 As-tu une bonne mémoire?

Qu'est-ce qu'il y a à La Rochelle? À deux, faites une liste.

Exemple: *des magasins*

2 Qu'est-ce que c'est?

Trouve le bon texte pour chaque symbole.

Exemple: A *une banque*

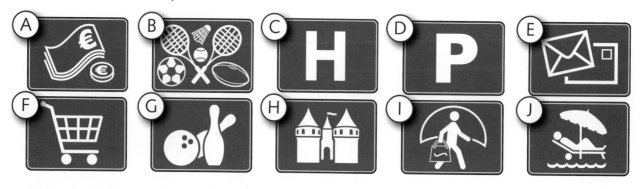

une banque	un bowling	le centre commercial	un centre sportif
un château	un hôpital	un parking	la plage	une poste	un supermarché

3 Où vont-ils?

 Écris 1–8. Écoute et note la bonne lettre.

Exemple: **1E**

4 Complète les phrases

Exemple: **1** *Pour les touristes, il y a des hôtels, une auberge de jeunesse et un camping.*

1 Pour les touristes, il y a des h____ , une a____ de jeunesse et un c____ .

2 Si vous aimez le shopping, allez aux m____ au c____ c____ .

3 Pour acheter des provisions, allez au s____ .

4 Il y a beaucoup de bateaux au vieux p____ .

5 Il y a des m____ intéressants et un vieux ch____ .

6 Pour les sportifs, il y a une p____ et un c____ s____ .

7 Pour les personnes en voiture, il y a un grand p____ près de la place.

8 C'est amusant d'aller au b____ et au th____ .

~~auberge~~	bowling	~~camping~~
centre commercial	centre sportif	château
~~hôtels~~	magasins	musées	parking
piscine	port	supermarché	théâtre

Prononciation

These French words look the same as the English, but listen to how they are pronounced. What do you notice about the final 't'?

 a Écris 1–4. Écoute et écris la bonne lettre.

a un port   **b** le sport

c un restaurant   **d** le concert

 b Écoute et répète.

une carte   une visite   la poste

Work out a rule for when you pronounce the 't'.

Stratégies

Every Wednesday etc

Il y a un marché dans les rues le mercredi et le samedi.

There's a street market on Wednesdays and Saturdays.

Which word goes in front of the day of the week to indicate that something happens regularly on that day?

Can you work out what the following sentences mean?

1 *Je vais au centre sportif le vendredi.*

2 *Il y a un marché en ville le jeudi.*

3 *Le château est ouvert le mardi.*

4 *Le lundi, le musée est fermé.*

5 La Rochelle – ville du vélo

Le centre-ville de La Rochelle est un centre historique avec beaucoup de vieux bâtiments et de vieilles maisons. Le centre-ville est maintenant une zone piétonne pour protéger la vieille ville de la pollution. Alors, il n'y a pas de voitures, mais il y a des piétons et des cyclistes.

En effet, il y a beaucoup de vélos jaunes à La Rochelle. Depuis 1976, on encourage les gens (habitants et visiteurs) à prendre un vélo pour circuler en ville. C'est gratuit pendant deux heures. C'est une bonne idée, non?

| une zone piétonne | pedestrian zone |
| gratuit | free |

1 What are you told about the centre of La Rochelle?

2 What colour are the free town bikes?

3 Why did the council set up the system?

Dossier-langue

vieux / vieille

singular		plural	
masculine	feminine	masculine	feminine
le vieux port	*la vieille ville*	*les vieux bâtiments*	*les vieilles maisons*

What kind of word is *vieux/vieille*?

What do you know about these words?

6 Des cartes postales

a Complète les cartes postales avec les mots de la case.

Exemple: 1 *à l'auberge de jeunesse*

A

Nous passons trois jours à l'(1) ___ ici, à La Rochelle.

C'est une (2) ___ intéressante. Il y a un vieux (3) ___ avec trois (4) ___ .

Il y a beaucoup de (5) ___ , comme le musée Maritime. Il fait (6) ___ , alors nous allons à la (7) ___ cet après-midi.

À bientôt,

Luc

b Écris une carte postale.

- Vous passez combien de temps à La Rochelle?
- Quel temps fait-il?
- Qu'est-ce qu'il y a, en ville?

Pour t'aider, regarde la page 71.

port	ville	chaud
auberge de jeunesse		piscine
musées	tours	

B

Nous (1) ___ le week-end au (2) ___ à La Rochelle. Il y a beaucoup de (3) ___ ici. Aujourd'hui, il fait (4) ___ . Ce matin, nous allons au (5) ___ pour acheter des fruits et puis nous allons au (6) ___ pour jouer au tennis. Ce soir, on va manger au (7) ___ .

Amitiés,

Nicole

parc	touristes	
restaurant	camping	marché
passons	beau	

- ask for directions and information
- understand directions

1 Où vont les touristes?

Écris 1–10. Écoute et écris la bonne lettre.

Exemple: 1D

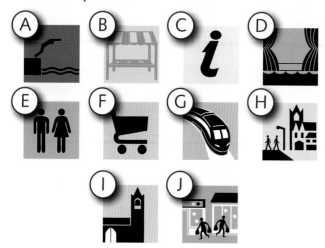

2 Pose des questions

a Pour aller ...

Exemple: 1 *Pour aller au cinéma, s'il vous plaît?*

1   2   3

b Est-ce qu'il y a ... près d'ici?

Exemple: 1 *Est-ce qu'il y a un parking près d'ici?*

1   2   3

c ... , c'est loin/c'est près d'ici?

Exemple: 1 *La plage, c'est loin?*

1   2   3

3 On arrive en ville

 a Écoute et lis le texte.

> **Hassan et ses amis, Alain et Caroline, passent les vacances à La Rochelle. Ils arrivent à la gare de la Rochelle. C'est le cinq juillet et il fait très chaud.**
>
> – Pardon, madame. Le centre-ville, c'est loin?
> – Le centre-ville? Oui, c'est loin!
> – Est-ce qu'il y a un bus?
> – Oui, prenez le bus numéro 1 devant la gare.
> – Merci, madame.
> – De rien.
>
> **Les trois amis arrivent au centre-ville. Ils descendent, place de Verdun.**
>
> – Alors, on va à l'office de tourisme?
> – Bonne idée!
> – Pardon, monsieur, est-ce que l'office de tourisme est près d'ici?
> – L'office de tourisme? Oh, c'est loin! C'est sur le quai du Gabut.
> – C'est où, ça?
> – C'est près de la mer et c'est assez près de la gare.
> – C'est près de la gare, oh non! Ça alors!
> – Zut alors! L'office de tourisme est très loin!
> – Pfff! Il fait très chaud, n'est-ce pas?
> – Oui, c'est vrai. Alors, on cherche un café?
> – Bonne idée ... Pardon, madame. Est-ce qu'il y a un café près d'ici?
> – Bien sûr! Il y a le café de la Paix dans la rue Chaudrier. Ce n'est pas loin.

b Corrige les erreurs.

Exemple: 1 *C'est le cinq juillet.*

1 C'est le cinq janvier.
2 Il fait très froid.
3 Les amis arrivent à la piscine de La Rochelle.
4 Ils prennent un bus au port.
5 Ils cherchent d'abord l'auberge de jeunesse.
6 L'office de tourisme est près de la piscine.
7 Ils décident d'aller au marché.

Pour aller au musée, s'il vous plaît?

4 Dans quelle direction?

Écris 1–10. Écoute et note la direction ← ↑ → .

5 À gauche, à droite ou tout droit?

Regarde le panneau et complète les phrases.

Exemple: 1 *La poste est à gauche.*

1 La poste est ___ .
2 Le parking est ___ .
3 Le centre-ville est ___ .
4 Le théâtre est ___ .

5 L'hôtel de ville est ___ .
6 Le marché est ___ .
7 L'hôpital est ___ .
8 La gare est ___ .

6 Par ici!

Quelle est la réponse correcte?

Exemple: 1b

1 Pour aller à la piscine, s'il vous plaît?
2 Où est la poste, s'il vous plaît?
3 Est-ce qu'il y a un restaurant près d'ici?
4 Où est le cinéma, s'il vous plaît?
5 Pour aller à l'église, s'il vous plaît?

Commencez ici!

a Allez tout droit, puis c'est dans la deuxième rue à droite.
b C'est la première rue à droite. Ce n'est pas loin.
c Allez tout droit, prenez la deuxième rue à gauche. Puis c'est à gauche.
d La première rue à gauche, puis c'est tout droit.
e C'est tout droit, puis la deuxième à gauche, et puis c'est dans la première rue à droite.

7 Conversations en ville

a Complète les conversations.

1
– On va ___ ?
– Oui, d'accord.
– Pardon, monsieur, pour ___ à la piscine, s'il vous plaît?
– Continuez tout ___ , puis prenez la ___ rue à ___ . Descendez la rue et voilà!
– ___ , monsieur. C'est ___ ?
– Non, c'est tout près.

Merci   aller   deuxième   gauche
droit   loin   à la piscine

2
– Pardon, madame, est-ce qu'il y a un près d'ici?
– Continuez , puis prenez .
– ___ , madame. C'est  ?
– Oui, c'est assez loin.

b Écoute et vérifie.

c Lisez à deux ou à trois, puis inventez d'autres conversations.

Le marché aux poissons, c'est près d'ici?

7D | Où exactement?

- use the preposition à
- say where things are using other prepositions

1 Questions sur la ville

Choisis la bonne réponse (**a**, **b** ou **c**).

1 Pour jouer au tennis, on va …

    a au bowling. **b** à la piscine.   **c** au parc.

2 Pour manger un bon repas, on va …

    a à la poste. **b** au restaurant.   **c** au théâtre.

3 Pour trouver une chambre, les touristes vont …

    a à l'église. **b** au supermarché. **c** à l'hôtel.

4 Pour prendre le train, on va …

    a au château. **b** à la gare. **c** au port.

5 Pour acheter des provisions, on va …

    a aux magasins. **b** à la tour. **c** au musée.

6 Pour voir un film, nous allons …

    a au marché. **b** au parc. **c** au cinéma.

2 On va en ville?

Travaillez à deux. Lisez la conversation, puis changez les mots en couleur.

– On va en ville cet après-midi?

– Oui, d'accord.

– On va aux magasins ?

– Ah non, ce n'est pas intéressant.

– On va à la piscine ?

– Non, moi, je n'aime pas ça.

– On va au musée ?

– Non, pas ça.

– On va au cinéma , alors?

– D'accord. On va au cinéma .

Pour t'aider

On va	au	vieux port. château. musée. cinéma.
	à la	plage. piscine. gare.
	à l'	office de tourisme. aquarium.
	aux	magasins. Francofolies.

Dossier-langue

au / à la / à l' / aux (to, at)

	masculine *(le/un)*	feminine *(la/une)*	before a vowel or silent 'h'	plural
'to' or 'at'	*au*	*à la*	*à l'*	*aux*

The word for 'to' and 'at' changes according to the noun:

Remember: *à + le = au; à + les = aux*

These are high frequency words used in many different contexts.

3 Une semaine de vacances

Complète les phrases avec **au**, **à la**, **à l'** ou **aux**.

1 Lundi, je vais

2 Mardi, je vais

3 Mercredi, je vais

4 Jeudi, je vais

5 Vendredi, je vais

6 Samedi, je vais

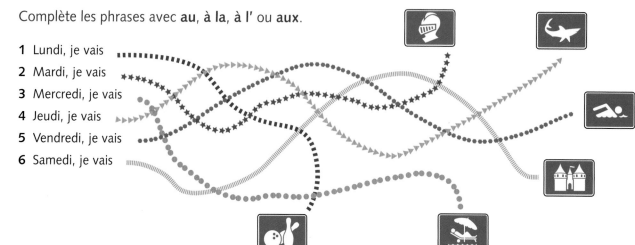

4 On va où?

Écris 1–8. Écoute et note l'endroit et d'autres détails, si possible.

Exemple: 1 *castle, quite far, after supermarket*

5 Trouve les paires

Exemple: 1b

1 à côté du cinéma   a *in the square*
2 à côté de la poste   b *next to the cinema*
3 derrière le cinéma   c *in front of the post office*
4 devant la poste   d *between the post office and the cinema*
5 dans le cinéma   e *next to the post office*
6 entre la poste et le cinéma   f *in the cinema*
7 sur la place   g *behind the cinema*

6 Dans la rue

Vrai ou faux?

Exemple: 1 *faux*

1 Le cinéma est entre le café et le supermarché.
2 Le musée est entre la poste et la banque.
3 Mme Dubois est devant le supermarché.
4 Les enfants sont devant le cinéma.
5 Il y a un vélo devant la banque.

6 La banque est entre le cinéma et le café.
7 Le parking est entre le supermarché et le café.
8 M. Dubois est dans le café.
9 Le chien est devant la poste.
10 Le café est entre le cinéma et le supermarché.

7 Où?

a Choisis la bonne préposition pour compléter les phrases.

Exemple: 1 *entre*

> devant   dans
> sur   derrière
> entre   sous

b Invente un dessin amusant pour illustrer des prépositions.

1 La souris est ____ les deux chats.

2 La souris est ____ le chat.

3 La souris est ____ le chat.

4 La souris est ____ le chat.

5 L'homme est ____ le lion.

6 L'homme est ____ le lion.

7 L'homme est ____ les deux lions.

8 L'homme est ____ le lion.

- talk about the area where you live
- use longer sentences

1 Un jeu 5–4–3–2–1

Écris les mots dans la bonne catégorie.

5 la religion
4 le sport
3 le logement
2 on mange là
1 on trouve des livres là

un café
un camping
un centre sportif
un hôtel
un restaurant
un temple
un terrain de football

une auberge de jeunesse
une bibliothèque
une cathédrale
une église
une mosquée
une patinoire
une piscine
une synagogue

2 Mon quartier

Écris 1–10. Écoute et trouve les bonnes images.

Exemple: 1C

A B C D E F G H I J

Dossier-langue

Il y a	There is … / There are …	Il n'y a pas de	There isn't … / There aren't any …
Dans mon village, il y a un magasin, une église et des maisons.	In my village, there's a shop, a church and some houses.	Il n'y a pas de cinéma, il n'y a pas de piscine et il n'y a pas de cafés.	There is no cinema, there is no swimming pool and there aren't any cafés.

What do **un/une** and **des** change to after **il n'y a pas**?

3 Qu'est-ce qu'il y a?

Complète les phrases.

Exemple: 1 *Dans le centre-ville, il y a un centre sportif.*

1 Dans le centre-ville, il y a .

2 Dans ma ville, il y a et .

3 Près d'ici, il y a  avec beaucoup de magasins.

4 J'aime bien mon quartier parce qu'il y a et .

5 Dans mon quartier, il y a avec et ⚽ .

4 Et qu'est-ce qu'il n'y a pas?

Exemple: 1 *Il n'y a pas de bowling.*

5 Faites des phrases

Travaillez à deux. Une personne dit une phrase, puis l'autre personne dit une phrase différente. Continuez comme ça.

Pour t'aider

Dans ma ville, Dans mon quartier, Dans le centre-ville, Près d'ici,	il y a	un	centre commercial. centre sportif. temple. (etc.)
		une	patinoire. bibliothèque. mosquée. (etc.)
	il y a beaucoup	de	cafés. magasins. musées. (etc.)
	il n'y a pas	de	piscine. bowling. cinéma. (etc.)

Stratégies

making longer sentences

Using **connectives** like *et* and *mais* helps to make sentences more interesting.

Dans ma ville, il y a un centre sportif et beaucoup de parcs.

Dans mon quartier, il y a un cinéma, mais il n'y a pas de patinoire.

6 C'est bien pour les jeunes?

Inventez des conversations.

> Qu'est-ce qu'il y a dans ta ville ?

> Dans ma ville , il y a une piscine et un centre sportif . Mais il n'y a pas de patinoire .

> C'est bien pour les jeunes?

> Oui, c'est bien .

ton quartier ton village ta ville	un bowling un centre commercial un centre sportif un parc
Oui, c'est bien. C'est assez bien. Non, c'est nul.	une bibliothèque une patinoire une piscine

7 Ma ville/mon quartier

Écris quatre phrases ou plus dans ton **Dossier personnel**.

Exemple:

J'habite à Gloucester. C'est une assez grande ville dans l'ouest de l'Angleterre. J'habite dans un quartier moderne. Dans mon quartier, il y a des magasins, une bibliothèque et un parc, mais il n'y a pas de cinéma et il n'y a pas de piscine. Dans le centre-ville, il y a un centre sportif et une piscine. C'est assez bien pour les jeunes.

1 Où vont-ils?

Complète les bulles.

Exemple: **1** *au concert*

1 Vous allez …
2 Je vais …
Tu vas …
Il va …
Nous allons …
Elles vont …

Dossier-langue

aller (to go)

Like many common verbs, **aller** is irregular and does not follow the pattern of regular **-er** verbs.

je vais	nous allons
tu vas	vous allez
il/elle/on va	ils/elles vont

1 Où vas-tu?
2 Je vais au musée.
3 / 4 Où allez-vous? Lucie et moi allons à la piscine.
5 Elle va où, Hélène?
6 Hélène va au zoo avec l'œuf.
7 Où vont les touristes?
8 Les touristes vont à la tour Eiffel.

2 Coralie est au lit

malade *ill*

a Coralie est malade. Elle reste à la maison, mais ses amis vont en ville. Où vont-ils? Écoute les conversations. Complète avec **va** ou **vont** et la bonne destination.

Exemple: **1** *Sébastien va au cinéma.*

1 Sébastien ___ ___ .
2 Luc ___ ___ .
3 Anne-Marie ___ ___ .
4 Vincent ___ ___ .
5 Stéphanie et Mireille ___ ___ .
6 Christophe et Jean-Pierre ___ ___ .
Mais le soir, ils ___ tous chez Coralie.

a au musée Maritime
b à la discothèque Plaza
c au cinéma Dragon
d aux magasins
e au club des jeunes
f au parc

b Écoute encore une fois et note avec qui ils vont en ville.

Exemple: **1** *Sébastien va en ville avec son cousin.*

1 Sébastien ___ .
2 Luc ___ .
3 Anne-Marie ___ .
4 Vincent ___ .
5 Stéphanie ___ .
6 Christophe ___ .

3 Allez!

Trouve les paires.

Exemple: 1h

a va chez sa grand-mère.

b vont au match.

c allez à la banque?

d vais à la gare.

e vont à l'hôpital.

f vas au festival de musique?

g va au parc.

h allons au marché aux poissons.

Nous ... ① Elles ... ② Vous ... ③ Elle ... ④

Ils ... ⑤ On ... ⑥ Je ... ⑦ Tu ... ⑧

4 Ah non!

Complète la conversation.

Exemple: 1 *je vais*

1 Demain, je ___ chez ma grand-mère pour l'aider un peu. Tu viens?

2 Ah non! Demain, je ___ au cinéma.

3 Mercredi, nous ___ à la ferme pour travailler avec mon oncle. Tu viens?

4 Ah non! Mercredi, je ___ au parc avec des amis.

5 Samedi, ma sœur ___ aux magasins; tu ___ avec elle?

6 Ah non! Samedi, mon frère ___ au match de football et moi, je ___ au match aussi.

7 Dimanche, nous ___ tous au Parc Astérix en minibus.

8 Ah oui? Je viens!

9 Désolé, mais il n'y a pas de place dans le bus!

5 Le week-end

Où vas-tu le vendredi et le samedi? Où allez-vous le dimanche? Invente six phrases.

Exemples: Le samedi soir, je vais au cinéma.
Le dimanche matin, je ne vais pas aux magasins.

Pour t'aider

		je	vais		
Le vendredi	soir,	ma sœur mon frère mon ami	va	au restaurant ... au temple ... au cinéma ...	en ville ... à l'église ... aux magasins ...
Le samedi	matin,	on		au marché ...	à la synagogue ...
Le dimanche	après-midi,	nous	allons	au parc ...	à la piscine ...
		mes amis mes parents	vont	au supermarché ...	à la mosquée ...
		je ne vais pas			

7G | Une ville touristique

- **understand tourist information**
- **listen to a longer text**

1 Une fenêtre ouverte sur l'océan

Visitez l'aquarium

Quai Louis Prunier 17002 LA ROCHELLE
Tel. 05 46 34 00 00

- C'est une fenêtre ouverte sur l'océan
- Faites un voyage au fond des océans
- Observez 10 000 animaux marins de l'Atlantique, de la Méditerranée et des Tropiques
- Visitez le grand aquarium des requins
- Trouvez les étoiles de mer
- Prenez un tunnel pour marcher sous l'eau, entouré de méduses

L'aquarium se situe dans le centre-ville (près de la gare SNCF).
Parking gratuit à 300m.
Ouvert 365 jours par an.

Avant ou après votre visite, visitez le Café de l'Aquarium avec vue panoramique sur la vieille ville, le port et ses célèbres tours.

a Tu comprends?

1 What kind of text is this?

  a a publicity leaflet

  b a magazine article

  c a story about fish

2 Where is the aquarium situated?

3 What could you do before or after a visit?

b Vrai ou faux?

1 L'aquarium est loin de la gare.

2 Il n'y a pas de parking.

3 C'est ouvert en hiver.

> **Stratégies**
>
> **reading and listening to longer texts**
> Use the title, picture or questions to help you understand the context.
>
> When reading or listening for the first time, try to get a general idea of what the passage is about. Don't expect to understand every word.
>
> Sometimes you need to understand specific details, like times or prices, but often you just need to understand the main gist.
>
> It's useful to listen several times in order to 'tune in' to the French.

2 À l'office de tourisme

1 Listen first to find out what this is about. Is it …

a a recorded announcement about events in La Rochelle?

b an interview with the director of tourism?

c a conversation between tourists and a member of staff?

2 Read the list of names a–h. Listen again and note down the letter of each item in the order you hear them.

Exemple: *c, …*

3 Finally note down any other details.

a l'aquarium

b l'Île de Ré

c la tour de la Lanterne

d le bus de mer

e le musée Maritime

f le port de pêche

g le port de plaisance

h les vélos jaunes

idée Note down a different place you visit each day for the next week.
Exemple: *Lundi, je vais à l'école.*

🖱 SOMMAIRE

Now I can ...

■ talk about places in a town

un aquarium	aquarium
une auberge de jeunesse	youth hostel
une banque	bank
une bibliothèque	library
un bowling	bowling alley
un camping	campsite
un centre commercial	shopping centre
un centre sportif	sports centre
un château	castle
une gare	station
un hôpital	hospital
un hôtel	hotel
un hôtel de ville	town hall
un magasin	shop
un marché	market
un musée	museum
un office de tourisme	tourist office
un parc	park
un parking	car park
une patinoire	skating rink
une piscine	swimming pool
une place	square
une poste	post office
un restaurant	restaurant
un terrain de football	football pitch
un théâtre	theatre
une tour	tower

des bâtiments religieux	**religious buildings**
une cathédrale	cathedral
une église	church
une mosquée	mosque
une synagogue	synagogue
un temple	temple

■ ask for directions

Pardon, monsieur/madame.	Excuse me, sir/madam.
Pour aller au centre-ville, s'il vous plaît?	How do you get to the town centre, please?
Est-ce qu'il y a un café près d'ici?	Is there a café near here?
C'est loin?	Is it far?

■ understand and give directions

à gauche	on the left
à droite	on the right
tout droit	straight on
Prenez la première (1ère) rue à gauche.	Take the first road on the left.
Tournez à droite.	Turn to the right.
Continuez tout droit.	Continue straight on.

■ understand how far away places are

C'est tout près.	It's very near.
C'est loin.	It's a long way.
C'est assez loin.	It's quite a long way away.
Ce n'est pas loin.	It's not far.
C'est à 50 mètres.	It's 50 metres away.

■ say exactly where they are

C'est devant l'église.	It's in front of the church.
C'est derrière l'église.	It's behind the church.
C'est entre le cinéma et le café.	It's between the cinema and the café.
C'est à côté du cinéma.	It's next to the cinema.
C'est à côté de la poste.	It's next to the post office.

■ talk about your town/area (see page 85)

■ use the words for 'at' and 'to'.

Je vais à Paris.	I'm going to Paris.
Tu vas au parc?	Are you going to the park?
Il va à la gare.	He's going to the station.
Nous allons à l'hôpital.	We're going to the hospital.
Ils vont aux magasins.	They are going to the shops.

■ use the verb *aller* (see page 86)

■ say a lot about La Rochelle.

1 Au contraire

Trouve les contraires.

Exemple: **1e**

1 oui
2 chaud
3 beau
4 petit
5 l'hiver
6 noir
7 devant
8 sous

a mauvais
b sur
c derrière
d blanc
e non
f grand
g froid
h l'été

2 Les mots en escargot

a Trouve six endroits en ville.

Exemple: *église, ...*

b Avec les lettres qui restent, écris le nom d'une saison.

3 Chasse à l'intrus

a Trouve le mot qui ne va pas.

b Explique pourquoi, si possible.

Exemple: **1 du sport – Les autres sont des descriptions du temps.**

1 du brouillard, du vent, du soleil, du sport
2 cent, quatre-vingts, travailler, soixante-dix
3 jouer, février, dessiner, chanter
4 une église, une banque, un magasin, un homme
5 première, derrière, deuxième, troisième
6 sous, sur, devant, méchant
7 l'été, l'hiver, l'ami, l'automne
8 le printemps, le volley, le golf, le tennis

Pour t'aider

des nombres des saisons
des verbes des bâtiments
des prépositions des sports

4 Quel temps fait-il?

Complète les phrases avec des voyelles.
Trouve le symbole qui correspond.

Exemple: **1 Il y a du soleil. – C**

1 Il y _ d_ s_l__l.
2 Il f__t fr__d.
3 Il pl__t.
4 Il y _ d_ br___ll_rd
5 Il n__g_.
6 Il f__t ch__d.

5 Masculin, féminin

Écris deux listes.

Exemple:

masculin	féminin
	une brochure

Pour t'aider

The following endings are usually masculine:
-ing, -eau.
The following endings are usually feminine:
-ure, -tte.

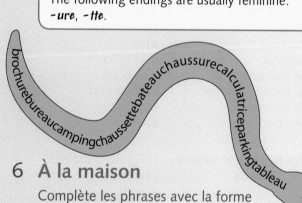

6 À la maison

Complète les phrases avec la forme correcte du verbe.

Exemple: **1 Il neige.**

1 Il ___ . (neiger)
2 On ___ à la maison. (rester)
3 Moi, je ___ à mes amis. (téléphoner)
4 Toi, tu ___ sur l'ordinateur? (travailler)
5 Marc ___ de la musique. (écouter)
6 Sophie ___ . (dessiner)
7 Nous ___ un grand repas. (préparer)
8 Vous ___ le salon, les enfants? (ranger)
9 Après le repas, mes parents ___ aux cartes. (jouer)
10 Ma grand-mère et ma sœur ___ un DVD. (regarder)

7 Où est le lapin?

Le lapin, Henri, n'est pas dans sa cage.
Où est il?

Exemple: **1** *Le lapin est entre les livres.*

8 Le week-end

Trouve les paires.

Exemple: **1c**

1 Moi, je …
2 Et toi, tu …
3 Daniel, il …
4 Nicole, elle va …
5 Nous …
6 Et vous, vous …
7 Mes parents …
8 Les filles vont à …

a … vont au supermarché.
b … va à la piscine.
c … vais au musée.
d … vas au parc.
e … au match.
f … la patinoire.
g … allez aux magasins.
h … allons au concert.

9 À toi!

Réponds aux questions.

1 Où vas-tu en ville, le samedi?
2 Et tes amis, où vont-ils?
3 Qu'est-ce que tu préfères: aller au cinéma ou aller au match de football?
4 Qu'est-ce que tu fais, quand il fait mauvais?
5 Et tes amis?
6 Qu'est-ce que tu préfères: jouer sur l'ordinateur ou regarder un film?

10 Tom et Jojo en ville

Complète les phrases avec des mots de la case.

Exemple: **1** *ville*

C'est samedi. Jojo décide d'aller en
(1) ____ . Elle va d'abord (2) ____
magasins. Puis elle va (3) ____ café.
Ensuite, elle visite une amie
(4) ____ église. Puis elle va (5) ____ gare.
Zut! Tom est (6) ____ gare aussi. Tom
(7) ____ Jojo. Jojo (8) ____ dans la
direction du port.
Puis elle (9) ____ à gauche. Tom continue
(10) ____ .

Jojo arrive (11) ____ parc.
Tom (12) ____ dans la rivière.

à la
va
tombe
aux
chasse
à la
au
tourne
au
à l'
tout droit
ville

unité 8
Une journée scolaire

- *tell the time*
- *arrange a time to meet*

L'heure

... moins cinq   ... cinq

... moins dix   ... dix

... moins le quart   Quelle heure est-il?   ... et quart

... moins vingt   ... vingt

... moins vingt-cinq   ... vingt-cinq

... et demie

🖱 ## 1 C'est à quelle heure?

💿 Écris 1–8. Écoute et note l'heure.

Exemple: 1 3h00

☀ 🕛 **12:00** Il est midi.   🌙 🕛 **12:00** Il est minuit.

🕧 **12:30** Il est midi et demi.   🕧 **12:30** Il est minuit et demi.

2 Le week-end

Complète les phrases.

Exemple: 1 à midi

Lucas et Sophie vont aux magasins ...

Fabio va à la piscine ...

Sika va au supermarché ...

Nicolas et Marc vont au parc ...

Mme Lambert va à la poste ...

M. Leclerc (le curé) va à l'église ...

Laura et Alex vont au musée ...

Mangetout va dans la cuisine ...

🖱 ## 3 Rendez-vous à quelle heure?

💿 Écoute et note l'heure.

Exemple: 1 à 2h30

1 sous la grosse horloge à ...
2 devant le musée à ...
3 derrière la cathédrale à ...
4 au café à ...
5 devant le cinéma à ...

6 dans le parc à ...
7 à la gare à ...
8 devant le restaurant à ...
9 devant la piscine à ...
10 au supermarché à ...

4 Quelle journée!

Thomas amuse son petit frère et ses deux sœurs. Lis le texte et trouve les paires.

Exemple: 1C

1 À huit heures, Thomas va à la boulangerie.

2 À dix heures vingt, il va au marché avec Pierre.

3 Puis à onze heures cinq, Thomas va à la piscine avec les trois enfants.

4 Ils mangent un sandwich au café à midi et demi.

5 L'après-midi, ils sont au parc à deux heures moins vingt-cinq. Les enfants jouent dans le parc. Ils aiment bien ça.

6 À trois heures et demie, ils vont au cinéma.

7 Puis à six heures et quart, ils rentrent à la maison.

8 Plus tard, à huit heures moins le quart, un ami de Thomas téléphone.

Tu joues au football avec nous ce soir, Thomas?

Non, merci, Hugo. Moi, je vais au lit ... Pfff! Quelle journée!

5 Conversations aux nombres

À deux, jetez un dé ou choisissez des nombres entre 1 et 6. Inventez des conversations.

Exemple:

On va à la piscine, tu viens?

Oui, bonne idée. À quelle heure?

À dix heures vingt, ça va?

Oui, d'accord. Alors rendez-vous devant le musée.

1 au cinéma	1 09h10	1 devant le musée
2 au stade	2 10h20	2 au café
3 à la piscine	3 11h50	3 à l'office de tourisme
4 à la plage	4 13h40	4 au club des jeunes
5 à l'aquarium	5 14h05	5 devant la banque
6 aux magasins	6 15h55	6 à la gare

- *talk about daily routine*
- *recognise some reflexive verbs*

1 Une journée typique

Écoute et lis. Olivier parle d'une journée typique.

1
Le matin, je me lève à sept heures.

2
Je prends mon petit déjeuner à sept heures et demie. Je mange du pain avec du beurre et de la confiture et je bois du jus d'orange.

3
Je quitte la maison à huit heures et j'arrive au collège à huit heures vingt.

4
Les cours commencent à huit heures et demie. J'ai quatre cours le matin.

5
À dix heures et demie, il y a la récréation du matin. Elle dure dix minutes.

6
À midi, je mange à la cantine. Puis je vais dans la cour avec mes copains. Quelquefois, nous jouons au football.

7
L'après-midi, nous commençons à deux heures. J'ai cours jusqu'à quatre heures moins dix. Puis je rentre à la maison.

8
Pour mon goûter, je mange un sandwich et je bois un chocolat chaud.

9
À six heures, je commence mes devoirs.

10
Le soir, nous mangeons à sept heures. Après le dîner, je continue à travailler.

11
Puis je regarde la télé, j'écoute de la musique ou je joue sur l'ordinateur.

12
Et à neuf heures, je me couche.

Dossier-langue

Je me lève. I get up (or 'I get myself up').

Je me couche. I go to bed (or 'I lay myself down').

Verbs like this are called **reflexive verbs.**

You've also used *Je m'appelle ...* (I'm called (or I call myself) …).

You will learn more about reflexive verbs in Stage 2.

2 La journée d'Olivier

Lis le texte à la page 94 et fais les activités a–c.

a Mets les mots dans le bon ordre.

La journée	Les repas
l'après-midi	le déjeuner
le matin	le dîner
la nuit	le goûter
le soir	le petit déjeuner

b Trouve les mots dans le texte.

4 nombres

3 verbes

2 bâtiments

1 chose à manger

c Trouve les paires.

Exemple: 1f

a Olivier prend son petit déjeuner.

b Olivier arrive au collège.

c Il commence ses devoirs.

d Il se couche.

e Il quitte la maison.

f Olivier se lève.

g Olivier mange à la cantine.

h Il quitte le collège.

i C'est la récréation.

j Il mange son dîner.

3 Ma journée

Complète le résumé avec les mots de la case.

Exemple: 1 *matin*

Le (1) ___ , je prends mon (2) ___ à sept heures et quart. Au collège, les (3) ___ commencent à neuf heures. À midi, je prends le (4) ___ à la cantine.
L'(5) ___ , nous avons cours de deux heures à quatre heures moins le quart. Pour le (6) ___ , je mange du chocolat ou un fruit. Puis je commence mes (7) ___ . Le (8) ___ , nous prenons le (9) ___ à sept heures.

devoirs	matin	après-midi	soir	dîner
goûter	déjeuner	petit déjeuner		cours

4 Un questionnaire

a Réponds aux questions.

b Pose ces questions à un(e) partenaire et note les réponses.

Exemple: 1

> À quelle heure est-ce que tu quittes la maison?

> (Je quitte la maison) à huit heures moins dix.

À quelle heure est-ce que ...

1 tu quittes la maison? 7h50

2 tu arrives au collège?

3 les cours commencent?

4 tu manges à la cantine/tes sandwichs?

5 tu quittes le collège?

6 tu rentres à la maison?

7 tu commences tes devoirs?

8 tu manges le soir?

5 Dossier personnel

Écris une description d'une journée scolaire.

Exemple:

> Le matin, je prends mon petit déjeuner à sept heures et demie. Je quitte la maison à huit heures.

- talk about school subjects
- practise telling the time

1 Les matières

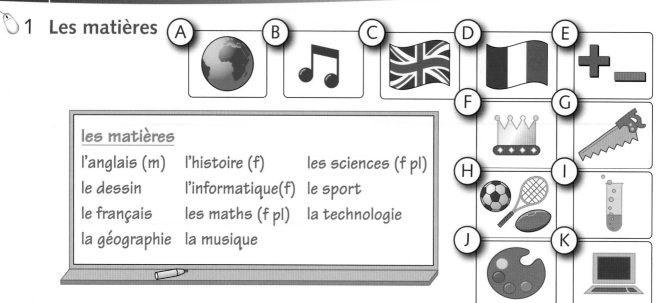

les matières

l'anglais (m)	l'histoire (f)	les sciences (f pl)
le dessin	l'informatique(f)	le sport
le français	les maths (f pl)	la technologie
la géographie	la musique	

a Écris 1–11. Écoute et écris la bonne lettre.

Exemple: **1G**

b Écris le nom des matières.

Exemple: **A** *la géographie*

2 Trouve les paires

Exemple: **1G**

1 J'arrive au collège à huit heures moins dix.
2 Les cours commencent à huit heures cinq.
3 La récréation est à dix heures vingt.
4 J'ai un cours de deux heures de dessin à onze heures dix.
5 La pause-déjeuner est à midi vingt-cinq.
6 Nous avons maths à deux heures moins vingt-cinq.
7 L'après-midi, la récréation est à trois heures moins vingt.
8 Je quitte le collège à quatre heures moins cinq.

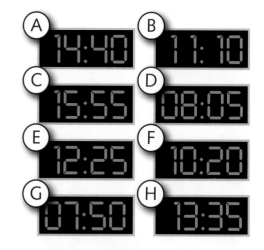

3 Dans la cour

Écris 1–8.

a Note la matière.
b Note l'heure.

Exemple: **1a** *anglais*; **b** *8h30*

Prononciation

les lettres 'oi'

Écris 1–5. Écoute et écris la bonne lettre.

Exemple: **1d**

a soir **b** histoire **c** soixante
d moi **e** toi

les lettres 'ui'

Écris 1–5. Écoute et écris la bonne lettre.

Exemple: **1c**

a minuit **b** nuit **c** huit
d biscuit **e** fruit

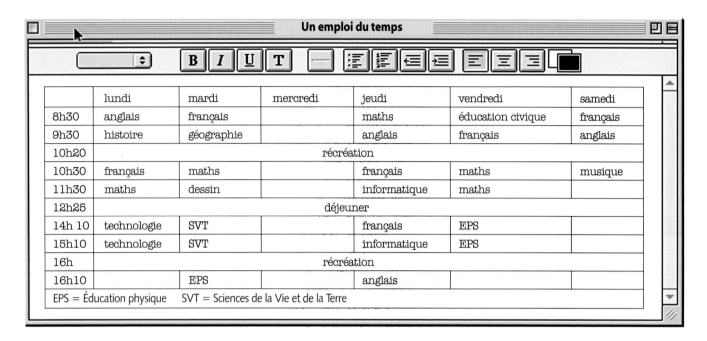

Un emploi du temps

	lundi	mardi	mercredi	jeudi	vendredi	samedi
8h30	anglais	français		maths	éducation civique	français
9h30	histoire	géographie		anglais	français	anglais
10h20	récréation					
10h30	français	maths		français	maths	musique
11h30	maths	dessin		informatique	maths	
12h25	déjeuner					
14h 10	technologie	SVT		français	EPS	
15h10	technologie	SVT		informatique	EPS	
16h	récréation					
16h10		EPS		anglais		

EPS = Éducation physique   SVT = Sciences de la Vie et de la Terre

4 Tu comprends?

1 In what general ways is this timetable different from yours?

2 How many hours of lessons does this student have per week?

3 How does this compare to your timetable?

5 C'est quel jour?

Écris 1–8. Écoute et consulte l'emploi du temps.

C'est quel jour? C'est le matin ou l'après-midi?

Exemple: 1 *samedi matin*

6 On a quelle matière?

Travaillez à deux. Consultez l'emploi du temps et inventez des conversations.

Exemple:

> Qu'est-ce qu'on a, lundi à 9h30?

> À 9h30, on a histoire.

7 Dossier personnel

Écris ton emploi du temps pour un jour ou une semaine. Quelle est ta journée préférée?

Stratégies

1 *On a français.*

Nous avons technologie.

J'ai sciences.

After the verb *avoir,* do you use **le/la/les** before the subject?

Say as many phrases as you can in 20 seconds to practise this, e.g.

> Aujourd'hui, j'ai ...

> Le vendredi, on a ...

> Cet après-midi, nous avons ...

2 Find two school subjects which end in -ie in French. What is their ending in English?

Try predicting the French for the following:

photography   biology

- use the verb *faire*
- say what you think of school subjects

1 Conversations au collège

 Écoute et complète le texte.

Exemple: 1 *EPS*

– Qu'est-ce que tu aimes comme matières?
– Ma matière préférée est l'(1) ____ . J'adore le sport.
– Qu'est-ce que vous faites comme (2) ____ au collège?
– En hiver, nous faisons de la gymnastique, du volley et du (3) ____ . On fait aussi de la natation. Nous allons à (4) ____ en ville le jeudi après-midi. Et en (5) ____ nous faisons de l'athlétisme.
– Est-ce qu'il y a des clubs de sport?
– Oui, il y a un club de judo. J'ai des amis qui font du (6) ____ , mais pas moi. Et toi, quelles sont tes matières préférées?
– Mes matières préférées sont (7) ____ et (8) ____ .
– Pourquoi?
– (9) ____ parce que j'adore la lecture et nous faisons aussi du théâtre. C'est amusant. Et j'aime (10) ____ parce que nous faisons des choses intéressantes.

la lecture *reading*

Dossier-langue

faire (to do, to make)

faire (to do, make) is a very useful verb.

je fais	nous faisons
tu fais	vous faites
il/elle/on fait	ils/elles font

Does it follow the same pattern as other verbs you have used?

Which part of *faire* do you use when talking about the weather?

Find 10 or more examples of *faire* on this page.

faire is used in many different expressions. Look out for these and note them down as you work through the course. You will learn more about *faire* in Unit 10.

2 Trouve les paires

Exemple: 1c

1 Qu'est-ce que tu fais?
2 Je fais mes devoirs.
3 Il fait une photo.
4 Elle fait du dessin.
5 Qu'est-ce qu'on fait comme sport?
6 Nous faisons de la natation.
7 Vous faites du théâtre?
8 Ils font du shopping.

a Are you doing drama?
b He's taking a photo.
c What are you doing?
d We're going swimming.
e I'm doing my homework.
f What sports do you do?
g They're shopping.
h She's doing art.

Pour t'aider

faire	du	dessin judo shopping sport théâtre vélo
	de la	gymnastique natation
	de l'	athlétisme informatique
	des	photos

3 Fais des phrases

Exemple: 1 *Je fais du théâtre.*

1 Je

2 Moi, je

3 Tu

4 Il

5 Elle

6 Nous

7 Vous

8 Ils

4 Ils aiment ou ils n'aiment pas?

 a Écris 1–8. Écoute et note les opinions et les matières.

Exemple: **1 ✖ (histoire)**

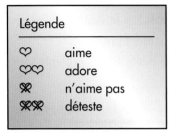

Légende

♡ aime
♡♡ adore
✖ n'aime pas
✖✖ déteste

 b Écoute encore une fois et écris les adjectifs sur deux listes.

Exemple:

des opinions positives ✔	des opinions négatives ✘
amusant = fun	

amusant   super   facile   difficile   intéressant
utile   nul   ennuyeux   sympa   génial

c Devine le mot anglais, puis vérifie dans le *Glossaire*. Écris l'anglais sur ta liste.

5 Six élèves

 a Écris 1–6. Écoute et décide qui parle.

Exemple: **1E Sylvie**

 b Écoute encore une fois. Note les opinions des matières.

Exemple: **1 les maths – très utile; le dessin – ennuyeux**

Sika

(A) ♡ les sciences
✖✖ l'anglais

Philippe

(B) ♡♡ l'informatique
✖ la géographie

Marion

(C) ♡♡ le français
✖ l'histoire

Thomas

(D) ♡ le sport
✖ les maths

Sylvie

(E) ♡♡ les maths
✖✖ le dessin

Tchang

(F) ♡ la musique
✖ la technologie

Stratégies

très, assez, vraiment

With some adjectives, you can use **qualifiers** to add emphasis or extra meaning, e.g.

J'adore le français. C'est très intéressant.

Mais les maths, c'est assez difficile et vraiment ennuyeux.

With **super**, **génial** or **nul**, you can't use all these words, but you can say:

C'est vraiment nul/super/génial.

Using extra words like this improves your work.

Practise adding extra words to these sentences:

L'informatique, c'est ennuyeux.

Les sciences, c'est super.

Then make up a long sentence for a subject you like and one for a subject you don't like.

6 Inventez des conversations

 Travaillez à deux. Une personne pose deux questions, l'autre répond.

Puis changez de rôle.

Exemple: - Les maths, je trouve ça vraiment super, et toi?

- Moi, je n'aime pas les maths, c'est difficile.

Pour t'aider

– Quelles sont tes matières préférées?
– Mes matières préférées sont ...
– Pourquoi?
– Parce que ... Je trouve ça ...
– Est-ce qu'il y a des matières que tu n'aimes pas?
– Je n'aime pas ... Je déteste ...
– Moi, je n'aime pas la technologie, et toi?
– Les maths, je trouve ça vraiment super, et toi?
– Qu'est-ce que tu fais comme sports?

- *use quel to ask questions*
- *revise 'my' and 'your'*
- *say 'his', 'her' and 'its'*

1 Un nouvel élève

 a Karim est un nouvel élève. Pendant la récréation, on lui pose beaucoup de questions. Écoute, puis lis les questions. Il y a une question qu'on ne pose pas. C'est quelle question?

1 Quel âge as-tu?

2 Quelle est la date de ton anniversaire?

3 Quelle est ta matière préférée?

 4 Quels sont tes passe-temps préférés?

5 Quel est ton sport préféré?

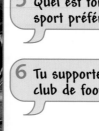 **6** Tu supportes quel club de foot?

b Complète les réponses de Karim.

Exemple: a *le basket*

a Mon sport préféré est ...

b Mes passe-temps préférés sont ...

c J'ai ...

d Ma matière préférée, c'est ...

e Mon anniversaire est ...

> l'histoire   douze ans
> le huit juillet   le basket
> le sport et l'informatique

c Relis les questions et trouve la bonne réponse, puis écoute et vérifie.

Exemple: 1c

2 Complète les questions

Exemple: 1 *Quel*

1 ____ jour (m) sommes-nous?

2 ____ heure (f) est-il?

3 ____ est ta couleur préférée?

4 ____ sont tes livres préférés?

5 ____ sont tes animaux préférés?

6 ____ est ta journée préférée?

7 ____ temps (m) fait-il?

> **Dossier-langue**
>
> **'which … ?'/'what … ?'**
>
> | singular | | plural | |
> |---|---|---|---|
> | masculine | feminine | masculine | feminine |
> | *quel* | *quelle* | *quels* | *quelles* |
>
> *quel* in its different forms is used in many questions. Find some examples on this page.
> Do the different spellings of *quel* sound different?

3 Mes choses préférées

 Travaillez à deux.

a Une personne pose des questions. L'autre répond.

Exemple: 1

Quel est ton sport préféré?   Mon sport préféré est le basket.

1 Quel est ____ sport préferé?   ____ sport préféré est le basket.

2 Quelle est ____ couleur préférée?   ____ couleur préférée est le noir.

3 Quelle est ____ journée préférée?   ____ journée préférée est le samedi.

4 Quel est ____ animal préféré?   ____ animal préféré est le cheval.

5 Quelle est ____ saison préférée?   ____ saison préférée est le printemps.

6 Quelle est ____ matière préférée?   ____ matière préférée est le dessin.

b Puis réponds avec ton choix.

Exemple: 1

Quel est ton sport préféré?   Mon sport préféré est le football.

4 Inventez des conversations

Une personne pose une question, l'autre répond et pose une question différente.
Continuez comme ça. Quelle paire peut avoir la conversation la plus longue?

Pour vous aider, regardez les questions à la page 100.

Exemple:

> C'est quand, ton anniversaire?

> C'est le 20 mai. ...
> Quelle est ta couleur préférée?

5 Mes amis

> Mon amie s'appelle Camille.
> Camille est française, mais ses grands-parents habitent au Sénégal en Afrique.
> Son sport préféré est la gymnastique.
> Sa matière préférée, c'est les maths.
> Son frère s'appelle Noah.
> Noah aussi est un bon ami.
> Son anniversaire est le 15 avril.
> Ses passe-temps préférés sont la natation et le football.
> Noah adore les animaux. Il a un chien et une souris. Son chien s'appelle Caspar et sa souris s'appelle Minnie.

Corrige les phrases.

Exemple: **1 Camille est française.**

1 Camille est anglaise.
2 Son sport préféré est le basket.
3 Elle aime les sciences.
4 Ses grands-parents habitent à Paris.

5 Son frère s'appelle Caspar.
6 Son anniversaire est le quinze août.
7 Sa souris s'appelle Napoléon.
8 Ses passe-temps préférés sont la musique et le rugby.

Dossier-langue

son / sa / ses (his, her, its)

These words follow the same pattern as **mon**, **ma**, **mes** and **ton**, **ta**, **tes** (see page 20).
The word you need depends on the noun which follows, not the owner.

masculine (*un/le*)	feminine (*une/la*)	before a vowel (*un/une/l'*)	plural (*des/les*)
son livre	*sa maison*	*son anniversaire*	*ses parents*
his book	his house	his birthday	his parents
her book	her house	her birthday	her parents
its book	its house	its birthday	its parents

Mangetout cherche son dîner.

6 Jeu d'identité

Écris une petite description d'un(e) camarade ou d'une personne célèbre. En classe ou en groupe, lisez chaque description et devinez l'identité de la personne.

Pour t'aider

Son animal préféré est ...
Son sport préféré est ...
Sa matière préférée est ...
Ses passe-temps préférés sont ...
Son anniversaire est le ...

7 C'est quoi, en français?

Exemple: **1 *son anniversaire***

1 his birthday 3 his sister 5 her cat 7 its dinner 9 her book
2 her birthday 4 her sister 6 his dog 8 his book 10 its friend

■ *say 'our', 'your' and 'their'*

1 Au collège

Nos jeunes reporters, Robert et Cécile, visitent un collège et parlent à deux élèves, Marc et Anne.

Écoute et lis le texte. Trouve (dans la case) les mots qui manquent dans le texte.

Exemple: 1 *Jules Verne*

Robert:	Bonjour, Anne et Marc, comment s'appelle votre collège?
Anne:	Notre collège s'appelle le Collège (**1**) ___ .
Cécile:	Et vous êtes en quelle classe?
Anne:	Nous sommes dans la classe Sixième B.
Cécile:	Il y a combien d'élèves dans votre classe?
Anne:	Il y a (**2**) ___ élèves. C'est beaucoup.
Robert:	Oui, c'est vrai. Quelles sont vos matières préférées?
Marc:	Moi, j'aime beaucoup (**3**) ___ . Notre prof est très sympa.
Anne:	Moi, je préfère (**4**) ___ . Notre prof de dessin est très amusant.
Robert:	En général, est-ce que vos profs sont gentils?
Marc:	Oui, en général, ils sont assez gentils. Notre prof de (**5**) ___ , par exemple, est super. Il organise bien ses cours et il explique tout très bien.
Anne:	Oui, mais notre prof de (**6**) ___ est un peu sévère.
Cécile:	Vos cours commencent à quelle heure, le matin?
Marc:	À (**7**) ___ , mais on n'a pas cours le (**8**) ___ , et le (**9**) ___ , on finit à midi.

> samedi
> la biologie
> le dessin
> technologie
> trente-huit
> mercredi
> maths
> huit heures et demie
> Jules Verne

Dossier-langue

'our' and 'your'

There are just two words for 'our' and two similar words for 'your' (with **vous**).

	singular masc./fem.	plural
our	*notre*	*nos*
your	*votre*	*vos*

2 Notre voyage scolaire

Complète les phrases avec **notre** ou **nos**.

Exemple: 1 *notre classe*

Aujourd'hui, (**1**) ___ classe fait un voyage scolaire. (**2**) ___ prof d'informatique organise une visite au Centre de Technologie. Alors, nous avons tous (**3**) ___ sac avec (**4**) ___ cahiers, (**5**) ___ calculatrice, (**6**) ___ crayons et (**7**) ___ sandwichs, bien sûr. Et voilà, (**8**) ___ car arrive.

3 Vos affaires scolaires

Complète les phrases avec **votre** ou **vos**.

Exemple: 1 *votre sac*

Achetez vos affaires scolaires ici!

Pour ... 1 2 3 4

5 6 7 8

... allez au magasin Saint-Pierre.

4 Notre collège

Écris un petit article.

Pour t'aider

Notre collège …
Dans notre classe, il y a … élèves.
Nos cours commencent à …
Notre uniforme est …

5 Une lettre de Dylan

Dylan habite au Canada, mais il passe une semaine chez des amis en France.

Salut!

Je passe une semaine chez Lucie et André. Ils vont au collège aujourd'hui, alors je vais aussi au collège. Leur collège est assez loin, alors nous quittons la maison à 7h30.

À 8h15, nous arrivons au collège. Nous retrouvons leurs amis dans la cour et nous discutons un peu. Leur premier cours est anglais. C'est assez intéressant. Leur prof d'anglais est très sympa. Elle parle de la vie scolaire en Angleterre. Ensuite, on a des cours de sciences et de géographie. Leur livre de géographie est intéressant. On étudie l'Afrique. À midi, on mange à la cantine. Puis l'après-midi, on a technologie et EPS. C'est bien, j'adore le sport.

À bientôt,

Dylan

Lis la lettre de Dylan et corrige les phrases.

Exemple: 1 _Lucie et André vont au collège aujourd'hui._

1 Lucie et André vont au parc aujourd'hui.

2 Leur collège est tout près.

3 Leur premier cours est géographie.

4 C'est très ennuyeux.

5 Leur prof d'anglais est très sévère.

6 Ils ont des cours de maths et d'histoire.

7 À midi, ils mangent à la gare.

8 L'après-midi, ils ont dessin et EPS.

9 Dylan déteste le sport.

Dossier-langue

'their'

There are just two words for 'their'.

	singular masc./fem.	plural
their	_leur_	_leurs_

Find some examples in Dylan's letter and the sentences with it.

Stratégies

le prof d'anglais
le club de judo
leur livre de maths

How would you say these phrases in English?

What is different? (word order, number of words)

Translate the following into French:

the history teacher

the drama club

their French book

6 Une conversation

Choisis le bon mot.

Exemple: 1 _nos grands-parents_

– Où allez-vous ce week-end?

– Nous allons chez (**1** notre/nos/vos) grands-parents. C'est l'anniversaire de (**2** notre/votre/leur) grand-mère.

– Est-ce que (**3** votre/vos/leur) cousins y vont aussi?

– Oui, (**4** notre/leur/nos) grands-parents ont une ferme à la campagne. (**5** Leur/Leurs/Vos) maison est très grande.

– Est-ce qu'ils ont des animaux?

– Oui, ils ont deux chiens et un cheval. (**6** Notre/Votre/Leurs) chiens s'appellent Noiraud et Blancot et (**7** nos/vos/leur) cheval s'appelle Esprit.

- **find out about a French-speaking country**
- **understand a longer text**
- **practise working out meanings of new words**

1 Notre pays – le Sénégal

Jabu et Pirane habitent au Sénégal, en Afrique. Elles parlent de leur pays.

Notre pays se trouve en Afrique de l'ouest.

La capitale s'appelle Dakar. C'est une grande ville au bord de la mer.

De juin à octobre, il fait très chaud (30°C) et il pleut souvent. C'est la saison des pluies.

De novembre à mai, il fait moins chaud (17 à 27°C) et il pleut moins. C'est la saison sèche.

À Dakar il fait un peu moins chaud parce que la ville est sur la côte.

Nous allons à l'école à Dakar. À l'école, on parle français (c'est la langue officielle), mais à la maison on parle wolof.

Ma matière préférée est les sciences parce que c'est très intéressant. En plus, notre prof de sciences est très sympa.

Et moi, j'aime beaucoup la musique.

Comme sports, nous faisons du basket et du hand. Le football est un sport très populaire au Sénégal.

Voici une photo de mardi gras à Dakar.

Sur la photo, il y a une mosquée. Nous sommes catholiques, mais beaucoup de personnes sont musulmanes.

Voici le marché de Sandaga dans le centre-ville. Moi, j'adore faire du shopping ici.

Qulequefois, il y a des touristes au Sénégal. Ils vont à la plage et ils visitent des parcs et des réserves. Ils aiment voir les hippopotames, les crocodiles et les dauphins.

À la campagne, il y a des serpents, comme des pythons, des cobras et des mambas, mais ils sont assez rares.

2 Tu comprends?

a Find five cognates or near cognates.

Exemple: *Afrique*

b Decide whether each of these words is a **verb**, a **noun** or an **adjective**.

1 se trouve   **2** musulmanes   **3** sèche   **4** la langue   **5** la côte

c Find a phrase with each of these high frequency words and say what it means in English.

1 moins   **2** parce que   **3** en plus   **4** mais

3 Que sais-tu du Sénégal?

1 Où est le Sénégal?

2 Comment s'appelle la capitale?

3 Quel temps fait-il en juillet?

4 Quelle est la langue officielle?

5 Qu'est-ce qu'il y a comme animaux dans les réserves?

4 Une journée à Dakar

Complète le résumé avec les mots de la case.

Jabu et Pirane vont au (**1**) ____ à Dakar. C'est assez loin.
Les (**2**) ____ commencent à huit heures. Au collège, on
(**3**) ____ français. À dix heures cinq, il y a la (**4**) ____ .

À midi et demi, elles mangent à la (**5**) ____ .

L'après-midi, elles ont cours jusqu'à (**6**) ____ . Puis elles (**7**) ____ à la maison.

Pirane aide sa mère à préparer le (**8**) ____ , et à sept heures et quart, on (**9**) ____ .

> récréation   collège   parle   cours   mange
> dîner   cantine   quatre heures   rentrent

MAURITANIE

0 ___ 75 km

océan
Atlantique

Louga

SÉNÉGAL

Thiès

Dakar

Diourbel

Fatick

Kaolack

MALI

GAMBIE

Tambacounda

Ziguinchor

Kolda

GUINEA-
BISSAU

GUINEA

5 Faites des recherches

En groupe ou à deux, trouvez le nom d'autres pays en Afrique où la langue officielle
est le français.

Prononciation

la lettre 'r'

The French 'r' sound is produced in the back of the throat. Try to exaggerate it.

a Écris 1–6. Écoute et écris la lettre.

Exemple: 1d

a rentre   **b** récréation   **c** rare   **d** repas   **e** regarde   **f** risque

b Prononce ces mots. Écoute et vérifie.

revoir   *rouge*   *radio*   *rue*   *réserve*   *restaurant*

- *learn more about a French school*
- *prepare a presentation about your school*

1 Le Collège Missy

SVT *Sciences de la Vie et de la Terre*

Lis cette présentation sur un collège de La Rochelle.

Le Collège Missy

Le Collège Missy est un collège mixte pour les élèves de onze à quinze ans.

Voici le logo du Collège. C'est un arbre aux feuilles colorées. C'est une élève du Collège qui a dessiné le logo.

Le Collège est dans la rue Missy à La Rochelle en France. Il y a environ 500 élèves.

Les élèves de onze ans sont en classe de sixième. Je suis en 6ème B.

Comme matières, nous faisons histoire-géo, maths, français, SVT, technologie, arts plastiques.

Comme langues, on fait anglais ou espagnol. Les élèves de 4ème, qui ont treize ou quatorze ans, font aussi latin ou grec.

En EPS, on fait de l'athlétisme, du hand, du basket et du badminton. On fait aussi de la natation.

Les élèves de 6ème font un stage de voile. Ça dure une semaine. On va à l'Île de Ré. C'est vraiment bien.

Il y a des ordinateurs qui sont reliés au réseau du Collège et à Internet. Chaque personne a un code d'accès personnel.

Voici la cantine. On mange ici le lundi, le mardi, le jeudi et le vendredi.

2 Une présentation

Prépare une présentation de ton collège ou ta classe.

Voici des idées:

Introduction (mixte/filles/garçons; âge)
Adresse, combien d'élèves
Classe

Les matières (langues, sports)
Ordinateurs
Repas du midi

La journée scolaire commence à huit heures vingt et finit à cinq heures de l'après-midi.

● SOMMAIRE

Now I can ...

■ ask what time it is

Quelle heure est-il?　　　What's the time?

■ understand and tell the time in French

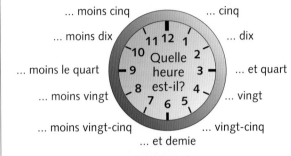

... moins cinq　　　　　... cinq
... moins dix　　　　　　... dix
... moins le quart　　　　... et quart
... moins vingt　　　　　... vingt
... moins vingt-cinq　　　... vingt-cinq
　　　　... et demie

Quelle heure est-il?

12:00　　**12:30**

Il est midi.　　　　Il est midi et demi.
Il est minuit.　　　Il est minuit et demi.

■ talk about the time of day

le matin	in the morning
l'après-midi	in the afternoon
le soir	in the evening
la nuit	at night

■ talk about a typical day

une journée typique	a typical day
Le matin, je prends mon petit déjeuner à ...	In the morning, I have breakfast at ...
J'arrive au collège à ...	I arrive at school at ...
Les cours commencent à ...	Lessons start at ...
À midi, ...	At midday, ...
je mange à la cantine.	I eat in the canteen.
je mange des sandwichs.	I eat sandwiches.
Je rentre à la maison à ...	I get home at ...
Je commence mes devoirs à ...	I start my homework at ...
Le soir, on mange à ...	In the evening, we eat at ...
Je vais au lit à ... / Je me couche à ...	I go to bed at ...

■ talk about mealtimes

un repas	a meal
le petit déjeuner	breakfast
le déjeuner	lunch
le goûter	afternoon snack
le dîner	dinner (evening meal)

■ give a reason

| pourquoi | why |
| parce que | because |

■ recognise some reflexive verbs

Je me lève ...	I get up ('I get myself up') ...
Je me couche ...	I go to bed ('I lay myself down') ...
Je m'appelle ...	I'm called ('I call myself') ...

■ talk about school subjects

l'anglais (m)	English
le dessin	art
l'EPS (éducation physique et sportive) (f)	PE
le français	French
la géographie	geography
l'histoire (f)	history
l'informatique (f)	ICT
les maths (f pl)	maths
la musique	music
les sciences (f pl)	science
les SVT (Sciences de la Vie et de la Terre)	natural sciences
le sport	sport
la technologie	technology

■ say which subjects you like and why

C'est ...	It's ...
amusant	fun
difficile	difficult
ennuyeux	boring
facile	easy
génial	brilliant
intéressant	interesting
nul	useless, rubbish
super	great
sympa	nice, good
utile	useful

■ use qualifiers

très	very
assez	quite
un peu	a bit
vraiment	really

■ use the verb *faire* (see page 98)

■ use *quel* in questions (see page 100)

■ use possessive adjectives

son, sa, ses	his, her, its (see page 101)
notre, nos	our (see page 102)
votre, vos	your (see page 102)
leur, leurs	their (see page 103)

Jeu-test

Es-tu un(e) élève modèle?

au dernier rang *in the back row*

1 Tu préfères les cours où ...

✪ tu t'amuses avec tes copains, mais tu n'apprends pas beaucoup.

♣ c'est très facile. Tu as toujours 10 sur 10 pour ton travail.

◆ le sujet est très intéressant, mais il faut travailler attentivement.

2 Tu n'aimes pas ...

♣ la récréation.

✪ les cours pratiques.

◆ les cours où on écrit tout le temps.

3 En classe, tu préfères une place ...

◆ vers le milieu de la salle de classe.

✪ au dernier rang.

♣ au premier rang, au centre.

4 Si le cours n'est pas du tout intéressant, ...

◆ tu dessines, mais tu écoutes la leçon.

♣ tu écoutes attentivement comme toujours.

✪ tu dors.

5 Il y a le grand match à la télé ce soir.

♣ Tu fais tes devoirs avant le match.

✪ Tu ne fais pas de devoirs ce soir.

◆ Tu fais les devoirs pendant l'intervalle et après le match.

6 Tu préfères les profs qui sont ...

♣ intéressants mais assez sévères.

◆ intéressants et sympas.

✪ souvent absents.

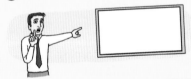

Solution

Si tu as une majorité de ✪ ...
... je regrette, tu n'es pas un(e) élève modèle. Mais il est possible de faire de bonnes résolutions. Bonne idée, non?

Si tu as une majorité de ♣ ...
... tu es probablement un(e) élève modèle.

Si tu as une majorité de ◆ ...
... tu n'es pas toujours un(e) élève modèle, mais tu es un(e) élève normal(e)!

Le sais-tu?

oranges ... Vivent les oranges!

- Tous les ans, les Français mangent 17 kg d'oranges par personne.

- Une orange contient toute la vitamine C nécessaire pour une personne pour un jour.

- Une orange contient aussi beaucoup de minéraux, par exemple du calcium et du potassium.

- Les oranges vous aident à résister la fatigue.

mangeaient *used to eat*
un siècle *century*

Les oranges dans l'histoire

- Les premières oranges sont originaires de l'Inde et de la Chine.

- Une sorte d'orange, «la pomme de Médée» est mentionnée 300 ans avant Jésus Christ.

- Pendant de longs voyages, les marins du passé mangeaient beaucoup d'oranges et de citrons pour rester en forme.

- C'est l'explorateur, Vasco de Gama, qui a introduit l'orange en Europe, au XIVième siècle. Mais d'abord, elle était considérée comme un ornement.

- De grands châteaux, comme Versailles, ont souvent un bâtiment spécial qui s'appelle une Orangerie. C'est pour protéger les orangers (les arbres) en hiver, quand il fait froid.

- C'est seulement au XVIième siècle qu'on commence à manger les oranges en Europe.

Tout est bien qui finit bien!

1 Un repas typique

Regarde les images et lis le texte.

Beaucoup de familles françaises prennent trois ou quatre repas par jour.

Le matin, il y a le petit déjeuner et à midi, on mange le déjeuner.

L'après-midi, après l'école, il y a le goûter, surtout pour les enfants. Ils prennent une boisson et ils mangent un sandwich, des fruits ou peut-être un petit gâteau ou du chocolat.

Le soir, on dîne. Normalement, c'est le plus grand repas de la journée.

Voici des possibilités pour un dîner typique.

On commence par **un hors-d'œuvre**, par exemple:

1 du melon

2 du pâté

3 du jambon

Puis il y a **un plat principal**, par exemple:

4 du poulet

5 de la viande

6 du poisson

7 de l'omelette

Il y a aussi **des légumes**, par exemple:

8 des pommes de terre

9 des frites

10 des carottes

11 des petits pois

Il y a aussi:

12 de la salade

13 du fromage

14 des yaourts

Quelquefois, à la fin du repas, on prend **un dessert**, par exemple:

des fruits

un gâteau

une tarte aux pommes

Comme **boissons**, il y a, par exemple:

du vin

de l'eau

de la limonade

2 Trouve les paires

Exemple: **1b**

1 un repas
2 un hors-d'œuvre
3 le plat principal
4 des légumes
5 un dessert
6 une boisson

a *the main course*
b *a meal*
c *a drink*
d *vegetables*
e *a starter*
f *a dessert/pudding*

Dossier-langue

some (1)

Most of the captions with the food pictures include one of these words: ***du*/*de la*/*de l'*/*des***.

Can you work out the pattern for which one to use?

You will find out more about this on page 112.

3 Trois familles

Trois familles décrivent un repas. Écoute, regarde les photos et note les bons nombres.

Exemple:

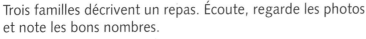

les Dubois | les Martin | les Lacan
2

4 Un repas en morceaux

Trouve les deux parties du mot dans la case pour compléter les phrases.

Exemple: **1 *jambon***

1 Comme hors-d'œuvre, il y a du …
2 Comme plat principal, on mange du …
3 Comme légumes, il y a des …
4 Ensuite, on mange de la …
5 Puis il y a du …
6 Et comme dessert, il y a un …
7 Comme boisson, il y a de la …

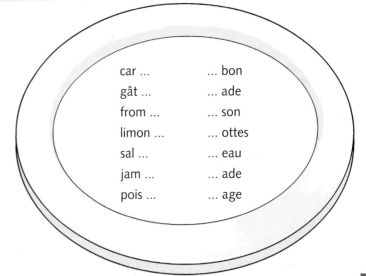

car …   … bon
gât …   … ade
from …   … son
limon …   … ottes
sal …   … eau
jam …   … ade
pois …   … age

9B | Le petit déjeuner

- learn about breakfast in France
- practise the words for 'some'
- use the verbs *manger* and *prendre*

1 Le petit déjeuner

a Écris 1–18. Écoute, répète et note la bonne lettre.

Exemple: **1c**

b Regarde les images at trouve les paires.

Exemple: **1n (des céréales)**

a du café
b du beurre
c du jus de fruit
d du lait
e du Nutella®
f du pain
g du sucre
h du thé
i un chocolat chaud
j un œuf à la coque
k un yaourt

l de la confiture
m de la confiture d'oranges
n des céréales
o des croissants
p des fruits
q des toasts
r des tartines

2 Qu'est-ce qu'ils prennent?

Écoute et note les lettres (voir exercice 1a).

Exemple: *Nicole – f, ...*

Nicole	Marc	Claire
Luc	des touristes	

Dossier-langue

some (2)

First – a reminder:

In French, there are four ways of saying 'the':

singular			plural
masculine	feminine	before a vowel	
le	*la*	*l'*	*les*

On pages 110 and 111 you were looking at the words for 'some'. Did you work out the pattern? Here it is:

du	*de la*	*de l'*	*des*

Prononciation

la lettre 'g'

The letter 'g' can be 'hard' as in *gâteau*, or soft if followed by the letter 'e' or 'i'.

Prononce ces mots. Écoute et vérifie.

garçon	gâteau
géographie	galette
orange	garage
gerbille	mangeons

Remember this rhyme:
Soft is c before i and e and so is g

3 Complète les phrases

Exemple: **1 du**

*Il mange (**1**) ____ fromage et (**2**) ____ pain.*

*Elle mange (**3**) ____ viande et comme boisson, elle prend (**4**) ____ limonade.*

*Il prend (**5**) ____ eau.*

*Ils mangent (**6**) ____ fruits.*

Dossier-langue

***manger* (to eat)**

manger is a regular -er verb, except for this one part: **nous mangeons**. Can you work out how and why this is different? Look at *Prononciation* for clues!

The two verbs ***ranger*** (to tidy up) and ***partager*** (to share) are similar to ***manger***. Can you work out what the ***nous*** part of these would be?

4 Un message

matt@computerserver.com

Qu'est-ce que tu prends au petit déjeuner chez toi?
Est-ce que tu manges le «breakfast traditionnel»,
les œufs au bacon, etc?

Et dans ta famille? Qu'est-ce qu'on prend?

Écris quelques phrases pour répondre.

Exemple: *Moi, je mange des céréales et comme boisson, je prends du lait.*

du pain grillé   *toast*

Pour t'aider

Comme boisson, ...

je prends ma sœur prend mes petits frères prennent nous prenons	du	lait/thé café (au lait). jus de fruit. chocolat chaud.
	de l'	eau minérale.
Je mange Ma famille mange Mes parents mangent Quelquefois, nous mangeons	du	yaourt. pain grillé.
	de la	confiture.
	des	céréales. tartines. œufs au bacon.

5 Les repas en France

Choisis la bonne réponse. Écris **a**, **b** ou **c**.

Exemple: 1c

1 Les Français dînent ...

  a entre midi et deux heures.

  b entre quatre heures et cinq heures du soir.

  c entre sept heures et huit heures du soir.

2 Pour offrir des boissons aux visiteurs adultes, on dit ...

  a Qu'est-ce que tu prends?

  b Qu'est-ce que vous prenez?

  c Qu'est-ce que je prends?

3 Au petit déjeuner en France, on prend ...

  a des œufs, du bacon et des tomates.

  b une tarte aux pommes et du fromage.

  c des croissants ou du pain.

4 On t'offre de la viande, mais tu es végétarien(ne). Pour répondre poliment, tu dis ...

yeuk!

  a Merci, mais je ne prends pas de viande, je suis végétarien(ne).

  b Beurk! Je ne mange pas ça.

  c Non, merci. Il n'y a pas autre chose?

5 Beaucoup d'enfants en France prennent un goûter ...

  a le matin, avant l'école.

  b pendant l'heure du déjeuner.

  c l'après-midi, après l'école.

6 Questions et réponses

Remplis les blancs et trouve les paires.

Exemple: 1 *prenez*, e *prenons*

1 Est-ce que vous ____ un grand repas au déjeuner?

2 On ____ quel bus pour aller à la gare?

3 À quelle heure est-ce qu'on ____ le petit déjeuner ici?

4 Qu'est-ce que tu ____ comme dessert?

5 Est-ce que tes amis ____ le bus pour aller à l'école?

a Je ____ un yaourt, s'il te plaît.

b Non, ils ____ le train.

c On ____ le bus numéro 6.

d Nous ____ le petit déjeuner à 7h30.

e Non, nous ____ un sandwich à midi.

Dossier-langue

prendre (to take)

If a French-speaking person asks you what you will have to drink or eat, (s)he will probably say *Qu'est-ce que tu prends?*

Here is the verb in full:

je prends	*nous prenons*
tu prends	*vous prenez*
il/elle/on prend	*ils/elles prennent*

- *learn words for fruit and vegetables*
- *discuss healthy eating*

1 Les fruits et les légumes

Trouve les paires. Écoute et vérifie.

Exemple: 1i *(du melon)*

a	une carotte	**i**	un melon
b	des petits pois	**j**	des raisins
c	un oignon	**k**	des fraises
d	un chou	**l**	une pomme
e	un chou-fleur	**m**	une pêche
f	des haricots verts	**n**	une poire
g	une banane	**o**	un ananas
h	une orange	**p**	des framboises

2 L'alimentation

Pour être en bonne santé, attention à l'alimentation!
Tout le monde sait ça! Voici un extrait d'un guide national pour les ados.

Lis d'abord l'article, puis fais les activités (en bas).

> en bonne santé   *in good health*
> les ados = les adolescents

••• *J'aime le sport, j'aime manger – guide nutrition pour les jeunes* •••

L'ALIMENTATION DES ADOS

Manger, vous faites ça tous les jours, c'est évident!
C'est nécessaire!
Mais, attention! Pour être en forme, pour bien grandir, faites les bons choix, faites de l'exercice tous les jours et mangez sainement.
L'important, c'est de manger équilibré. Voici quelques conseils:

- Mangez de tout, quelquefois un peu, quelquefois beaucoup, ça dépend – un peu de variété, c'est bien!
- Faites le plein de fruits et de légumes, et mangez aussi des yaourts, du lait, du riz et du pain – mais pas trop!
- Ne mangez pas trop de sel ni de sucre – supprimez quelquefois les sucreries, comme les pains au chocolat ...

> manger équilibré   *eat a balanced diet*

You can probably work out the main message of this article, even if you don't know every word. Look back to page 45 for some hints on coping with new words.

1 This article tells you to …

   a eat more ____   **b** eat less ____   **c** do more ____

2 What do you think these words and expressions mean?

   a C'est évident! **b** C'est nécessaire! **c** être en forme **d** des sucreries

3 From the article, find the French expressions for:

   a to keep fit   **b** do exercise every day

   c the important thing   **d** a bit of variety

   e but not too much

4 Choose a good way to end these sentences. Use words from the box to help you.

   a Ne mangez pas trop de ____ . **b** Mangez beaucoup de ____ .

fruit
riz
sel
sucreries
yaourt
légumes
chocolat
chips
gâteaux
frites
bonbons
pommes
glaces
poisson
desserts

3 Lou Leroux et la bonne alimentation

Écoute et lis le texte.

> Alors, les enfants, ce n'est pas très bien. Pour être en forme, prenez cinq portions de fruits et légumes par jour. Manger des chips et des gâteaux, ce n'est pas bon pour la santé.

> Et toi, Thierry, qu'est-ce que tu prends normalement au déjeuner?

> Alors, Sophie, qu'est-ce que tu manges au goûter?

> Au goûter, je mange une banane ou une poire, et quelquefois du chocolat aussi.

> Au déjeuner, je mange un sandwich au fromage ou au jambon, avec beaucoup de chips et une tomate, puis un gâteau au chocolat.

> Monsieur! Hier j'ai mangé cinq portions de fruits et légumes.

> Votre fils a mangé cinq portions de fruits et légumes hier, c'est excellent!

> Voilà ce qu'il a mangé:

une pomme d'amour ...

un hamburger aux oignons et des frites ...

et des fraises et des pêches avec beaucoup de crème.

> Excellent, Sébastien! Qu'est-ce que tu as mangé?

> Zut alors, Sébastien! La bonne alimentation, ce n'est pas ça!

> Au goûter, j'ai mangé une pomme, et le soir, au dîner, j'ai mangé des pommes de terre et des oignons. Puis comme dessert, j'ai mangé des fraises et des pêches.

Fantastique!

4 Travaillez à deux

Tour à tour, pose une question à ton/ta partenaire.

Exemple:

– Qu'est-ce que Sophie mange comme fruits?

– Sophie mange une banane ou ... ?!

– Et Thierry ... ?

– Manger ... , c'est bon pour la santé?

– Est-ce que Sébastien mange sainement?

5 Ils mangent sainement?

Écoute Karine, Noah, Nicolas et Valérie. Écris **oui** ou **non** ou **pas mal**.

Exemple: **1** *Karine – oui*

Dossier-langue

j'ai mangé	*I have eaten/I ate*
Qu'est-ce que tu as mangé?	*What have you eaten?/ What did you eat?*
il a mangé	*he has eaten/he ate*

These verbs are in the past tense. You will learn more about this in Unit 10.

6 Tu manges sainement?

Tour à tour, pose une question à ton/ta partenaire. Choisis un repas.

– Au petit déjeuner, qu'est-ce que tu manges, normalement?

Ton/Ta partenaire répond:

– Au petit déjeuner, je mange ...

Décide si ton/ta partenaire mange sainement.

– Bravo! Tu manges sainement!

– Ah non, tu ne manges pas sainement!

- *discuss what you like to eat and drink*
- *practise the negative and say 'not any'*
- *learn what to say when having a meal with a French family*

1 Tu aimes ça?

Lis les messages, puis fais l'activité.

Alex va bientôt visiter la France et loger chez son correspondant. Voici un e-mail de son correspondant:

Salut Alex!

On veut préparer des repas que tu vas aimer pendant ta visite. Alors quels sont tes plats favoris? Est-ce qu'il y a quelque chose que tu ne manges pas?

Chez nous, nous mangeons beaucoup de poisson et de légumes, mais mon père ne mange pas de viande – il est végétarien. Et toi?

À bientôt,

Lucas

Voici la réponse d'Alex:

Salut Lucas!

Je ne suis pas végétarien. Je n'ai pas de plats favoris, mais j'aime le poisson et le poulet et aussi les omelettes. Je ne mange pas beaucoup de viande rouge. Je n'aime pas beaucoup la salade et je déteste les brocolis, mais je mange d'autres légumes. Il n'y a pas de fruits que je n'aime pas; j'adore tous les fruits, surtout l'ananas! Je ne prends pas beaucoup de sucreries, mais j'aime le yaourt et les glaces.

À bientôt, et merci pour ton message.

Alex

Travaillez à deux. Tour à tour, posez une question et répondez pour Alex.

Voici des questions possibles:

Est-ce que tu aimes le poisson?

la viande?	l'ananas?
les brocolis?	les glaces?
la salade?	les sucreries?
les fruits?	les œufs? (etc.)

Es-tu végétarien?

2 Je n'aime pas ça!

a Écris **3** phrases sur les choses que tu n'aimes pas manger.

Exemple: *Je n'aime pas le poisson.*

b Écris **2** phrases sur les boissons que tu n'aimes pas.

c Écris **1** phrase sur une activité que tu n'aimes pas.

> **Dossier-langue**
>
> **the negative**
>
> In these emails there are a lot of verbs in the negative, e.g.
>
> *Je n'aime pas ...*
>
> How many can you spot?

> **Pour t'aider**
>
> Je n'aime pas ...
>
> le chou-fleur/le fromage
> la viande/le poisson
> le vin/le thé
> le rugby/le hockey
> le shopping/les devoirs

Mangetout est triste. Ça ne va pas – il n'y a pas de viande, il n'y a pas de poisson, il n'y a pas de lait et il n'y a pas d'eau.

Ah bon! Maintenant, il est content!

Alex's email also contains these two common negative expressions:

Il n'y a pas de ... There isn't/aren't any ...
Je n'ai pas de ... I haven't any ...

In a negative sentence like this, **de** is used instead of **du/de la/de l'** or **des**, e.g.

Il n'y a pas de fraises. There aren't any strawberries.
Je n'ai pas d'argent. I haven't any money.

3 Complète les phrases

> Il n'y a pas _de_ sucre!

> Il n'y a pas ___ f___ .
> Il n'y a pas ___ ___
> et il n'y a pas d'___ .
> Je vais acheter un gâteau en ville!

la farine *flour*

4 À table

a Écoute et lis le texte.

Alex dîne chez une famille française.

– Assieds-toi là, Alex, à côté de Laurent.
– Oui, madame.
– Qu'est-ce que tu prends comme boisson? Il y a de l'eau minérale et de la limonade .
– De l'eau, s'il vous plaît.

– Pour commencer, il y a du potage aux légumes .
– Bon appétit, tout le monde!
– Mmm! C'est bon, ça.
– Tu veux encore du potage ?
– Oui, je veux bien.

– Voilà. Maintenant, il y a du poisson . Et comme légumes, il y a des pommes de terre et du chou-fleur .
– C'est délicieux, madame.
– Tu veux encore du poisson ?
– Non, merci, j'ai assez mangé.
– Tu prends de la salade ?
– Non, merci, je n'aime pas beaucoup ça.
– Comme dessert, il y a des fruits. Qu'est-ce que tu prends?
– Je voudrais une banane , s'il vous plaît. Merci.

b Lisez la conversation à deux. Puis inventez d'autres conversations.

des boissons	**des légumes**
de l'eau minérale	des pommes de terre
du jus de fruit	des haricots verts
du vin (etc.)	des petits pois (etc.)

des hors-d'œuvre	**des fruits**
du pâté	une poire
du melon (etc.)	de l'ananas
	des fraises (etc.)

des plats	
du poisson	**de la salade**
de la viande	
de l'omelette (etc.)	**du fromage**

Regardez aussi le *Sommaire* (page 121).

'please' and 'thank you'

There are two different ways of saying 'please':
1 *s'il te plaît* to someone you call **tu**
2 *s'il vous plaît* to someone you call **vous**.

Merci can mean 'No thank you' as well as 'Thank you'. A lot depends on how you say it!

Make sure you don't refuse something by mistake:
☹ **Non, merci** if you don't want something
☺ *Oui, je veux bien* or *Je veux bien, merci* or *Oui, s'il te/vous plaît* if you do.

9E | Des projets

■ *discuss what you are going to do (using* aller *+ infinitive)*

■ *plan some meals and some picnics*

1 Deux e-mails

[email window icons] Aa

Salut, Dominique!

C'est ton anniversaire le week-end prochain, n'est-ce pas? Qu'est-ce que tu vas faire? Tu vas manger un repas spécial? Est-ce que vous allez manger un gâteau d'anniversaire?

Pendant les grandes vacances, on va organiser des pique-niques à la campagne. Tu vas venir? Ça va être très cool!

À bientôt, Chloé

[email window icons] Aa

Salut, Chloé!

Oui, c'est vrai, c'est mon anniversaire dimanche et on va aller chez ma grand-mère. Mon repas favori est le déjeuner du dimanche. Nous allons manger de la salade de tomates, puis du poulet avec des pommes de terre rôties. Après le plat principal, on va manger des légumes ou de la salade verte. Comme dessert, ma grand-mère va faire un gâteau spécial pour mon anniversaire.

J'aime bien les pique-niques; quand est-ce qu'on va faire ça?

Je vais venir si possible.

À bientôt,

Dominique

venir *to come*

Lis les e-mails et les phrases. Vrai ou faux?

Exemple: 1 *faux*

1 Dominique déteste le déjeuner du dimanche.

2 Chloé va organiser des pique-niques.

3 Chez sa grand-mère, Dominique va manger de la viande et des légumes.

4 Sa grand-mère va faire un gâteau pour son anniversaire.

5 Chloé ne va pas aller à la campagne cet été.

6 Dominique va passer son anniversaire chez sa tante.

2 Un pique-nique un peu spécial!

Lis le texte et puis écoute les conversations.

C'est l'été. Chloé décide d'organiser un pique-nique pour samedi prochain.

Mais quel désastre! À la météo, on annonce un temps abominable pour le week-end. Il va pleuvoir tout le temps, des orages vont arriver le samedi après-midi et le mauvais temps va durer pendant tout le dimanche.

Pauvre Chloé! Qu'est-ce qu'elle va faire?

Mais soudain, elle a une idée. Elle va organiser un pique-nique «pizza» chez elle.

Chloé téléphone à tous ses amis. Tout le monde va apporter des choses pour mettre sur les pizzas.

durer *to last*

Qui va apporter quoi?

Léa

Dominique

Chloé

Vivienne

Hugo

Noah

Dossier-langue

the future

You already know the verb **aller** (to go).

See how many different parts of it you can find in the emails and questions on this page.

Then look at the words which immediately follow, e.g.

tu vas manger

on va organiser

They are always the same kind of word. What is this part of the verb called?

Why is **aller** used with another verb like this?

Clue! When talking about the future, you often say what you are going to do.

3 Un repas «bon pour la santé»

Lis et réponds.

a   Voici les idées de Dylan …

> Pendant «La semaine de la Bonne Alimentation», il y a un concours: organiser un repas idéal pour quelqu'un, par exemple, un(e) ami(e) ou un membre de la famille.

> Un dîner pour ma sœur, Marine
>
> Pour commencer, elle va manger du potage aux légumes. Elle va aimer ça, parce qu'elle aime beaucoup les carottes et les oignons.
>
> Comme plat principal, je vais préparer une grande omelette avec du jambon et des petits pois. Malheureusement, avec ça, Marine va probablement manger des frites. En effet, nous allons manger ensemble et mes frères ne vont pas manger d'omelette sans frites!
>
> Puis on va manger un peu de fromage et comme dessert, Marine va manger du yaourt aux fraises, mais mes frères vont sans doute manger du gâteau!

1   Qu'est-ce que Marine va manger comme hors-d'œuvre?

2   Qu'est-ce qu'elle va prendre comme légumes?

3   Qu'est-ce que Dylan va préparer comme plat principal?

4   Et ses frères, qu'est-ce qu'ils vont manger avec l'omelette?

5   Ils vont manger du fromage après ou avant le dessert?

6   Qui va probablement manger du gâteau?

7   Est-ce que Marine va manger sainement?

8   Et ses frères aussi, ils vont manger sainement?

b   Mais voici le repas qui va gagner le Concours. Il est très bon pour la santé, non?

Clémentine présente …

> Un repas pour Max et sa sœur
> Hors-d'œuvre – de la salade
> Plat principal – des carottes, du chou et des brocolis
> Dessert – sélection de fruits

 Lis et écoute. Puis complète les phrases.

1   Comme hors-d'œuvre, Max va manger _____ .

2   Comme plat principal, Max et sa sœur vont manger _____ .

3   Comme fruits, ils vont prendre _____ .

4   Ils ne vont pas manger de _____ et ils ne vont pas manger de _____ .

5   Max et sa sœur sont _____ .

4 Faites des projets

Travaillez à deux. Organisez un repas idéal pour une de ces personnes.

> 'A' fait beaucoup de sport. Il faut organiser un repas qui va donner de l'énergie, mais qui ne va pas faire grossir. (Par exemple, de la viande, du poisson, des légumes, des fruits …)

> 'B' est assez fragile. Il/Elle est trop mince et on va l'encourager à manger.
> On va préparer une bonne sélection de petits plats, et la variété va être importante. Pour donner de l'énergie, on va préparer des desserts et des yaourts avec des fruits ou des glaces.

Comme hors-d'œuvre, on va préparer …

Comme plat principal, il/elle va manger …

Est-ce qu'il/elle va manger du fromage?

Et comme dessert?

- *practise reading longer passages*
- *learn about festival foods*

1 On parle des fêtes

Lis les textes et consulte les *Stratégies*.

Magali Bouamrani habite au Maroc. Le Maroc est un pays musulman. Magali parle du Ramadan et de l'Eid.

«Nous sommes au mois de Ramadan, le neuvième mois de l'année musulmane. Pendant trente jours, les adultes et les adolescents, et quelquefois les enfants aussi, ne mangent pas pendant la journée, mais la nuit, on mange et on boit. À la fin du Ramadan, il y a une fête: l'Eid. Pour la fête, nous allons porter de nouveaux vêtements et nous allons offrir des cadeaux aux amis. Puis on va manger un repas magnifique avec du riz spécial, du curry d'agneau, des légumes et un dessert qui s'appelle le 'halva'.»

Thomas Friedman habite aux États-Unis. Il parle du Thanksgiving.

«Ma mère est française, mais mon père est américain. Nous passons une année ici en Louisiane. On parle français ici, alors je parle les deux langues – anglais et français. C'est utile, ça!

Le dernier jeudi de novembre, c'est le Thanksgiving. Ce n'est pas une fête religieuse, c'est une fête qui marque la première récolte des Pilgrim Fathers en 1621.

Nous n'allons pas travailler ce jour-là. Nous allons rester à la maison et on va manger un grand repas avec de la dinde, des légumes et, comme dessert, de la tarte à la citrouille.»

Lalita Kahn est hindoue. Elle habite sur l'île de la Réunion, au milieu de l'Océan Indien. Elle parle de Diwali.

«Diwali, c'est la fête des lumières. À la maison, nous allumons des lampes qui s'appellent 'divas'. Nous invitons des amis à la maison et nous préparons un repas spécial. Moi, j'aime beaucoup un dessert qui s'appelle 'Kheer'. C'est fait avec du riz, du lait, du sucre, des amandes, des pistaches et des raisins secs.

Quelquefois, nous dansons une danse qui s'appelle 'dandia raas'; c'est une danse avec des bâtons. La musique va de plus en plus vite. C'est très amusant.»

Reading techniques
Remember! If you are reading a longer text, you don't necessarily need to understand every word.

Stratégie 1

Read fairly quickly through the whole article, then look more closely at each section. Work in pairs and for each section, jot down the name of the festival, when it is and the religion (if relevant).

List two ways in which each festival is celebrated. One could be something people do and the other something to do with food or drink.

Stratégie 2

By now you will be understanding most of what you are reading. However, here are a few words that might be a problem. Make a guess at what they might mean, then look them up to check and write them in your vocabulary list, with the meaning and the gender (m or f).

Exemple: *agneau (m) = lamb*

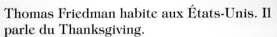

amandes
bâton
citrouille
dinde
lumière
pistaches
récolte

Stratégie 3

To round up your work, why not read it all straight through again, or even take turns to read a paragraph aloud?

For a week, see if you know the French for two things you eat or drink each day. Make a list.

SOMMAIRE

Now I can ...

■ talk about food for a main meal

un repas	**a meal**
un hors-d'œuvre	starter
le plat principal	main course
du fromage	cheese
du jambon	ham
de l'omelette (f)	omelette
du pâté	pâté
de la pizza	pizza
du poisson	fish
du potage	soup
du poulet	chicken
du riz	rice
de la viande	meat
des légumes (m pl)	**vegetables**
des brocolis (m pl)	broccoli
des carottes (f pl)	carrots
un chou	a cabbage
un chou-fleur	a cauliflower
des frites (f pl)	chips
des chips (m pl)	crisps
des haricots verts (m pl)	French beans
un oignon	an onion
des petits pois (m pl)	peas
des pommes de terre (f pl)	potatoes
de la salade	lettuce/salad
une tomate	tomato
des fruits (m pl)	**fruit**
un ananas	pineapple
une banane	banana
une fraise	strawberry
une framboise	raspberry
un melon	melon
une orange	orange
une pêche	peach
une poire	pear
une pomme	apple
des raisins (m pl)	grapes
des desserts (m pl)	**desserts/sweets**
un gâteau	cake
une glace	ice cream
une tarte aux pommes	apple tart
un yaourt	yoghurt

■ accept or refuse food and drink politely

Oui, s'il vous plaît.	Yes please.
Oui, je veux bien.	Yes I would like some.
Non, merci.	No thank you.
C'est (très) bon/délicieux.	It's (very) nice/delicious.
Encore du/de la/de l'/des ... ?	Some more ... ?
Merci, j'ai assez mangé.	No thank you, I've had enough.

■ talk about drinks

des boissons froides (f pl)	cold drinks
du Coca	cola
de l'eau (minérale) (f)	(mineral) water
de la limonade	lemonade
du jus de fruit	fruit juice
du lait	milk
du vin rouge/blanc	red/white wine
des boissons chaudes (f pl)	hot drinks
du café	coffee
du thé	tea
un chocolat chaud	hot chocolate

■ talk about breakfast

des croissants (m pl)	croissants
du beurre	butter
des céréales (f pl)	cereal
de la confiture	jam
de la confiture d'oranges	marmalade
un œuf (à la coque)	(boiled) egg
des œufs au bacon (m pl)	bacon and egg
du pain	bread
du sucre	sugar
des tartines (f pl)	bread and butter
des toasts (m pl)	toast

■ say what food and drink you like and dislike

J'aime (beaucoup) le/la/les ...	I (really) like ...
Désolé(e), mais je n'aime pas beaucoup ça.	I'm sorry but I don't like that much.

■ talk about (healthy) eating

bon pour la santé	good for your health
des bonbons (m pl)	sweets
le sel	salt
des sucreries (f pl)	sweet things
surtout	especially
un peu	a little
pas trop	not too much

■ use the words for 'some' (see pages 111–112)

■ use the verb prendre (see page 113).

■ use the negative (see page 116).

■ use pas de (see page 117).

■ use aller + infinitive to describe the future (see page 118).

1 Où sont les voyelles?

Complète les mots et écris l'anglais.

Exemple: 1 *juillet* – *July*

Les mois de l'année

1 j _ _ ll _ t
2 n _ v _ m b r _
3 s _ p t _ m b r _
4 _ v r _ l
5 m _ _

Les couleurs

11 v _ r t
12 r _ _ g _
13 j _ _ n _
14 n _ _ r
15 b l _ n c

Les matières

6 l' _ n g l _ _ s
7 l'h _ st _ _ r
8 l _ g _ _ g r _ p h _ _
9 l _ m _ s _ q _ _
10 l _ t _ c h n _ l _ g _ _

Les vêtements

16 l _ j _ g g _ n g
17 l _ ch _ m _ s _
18 l _ p _ n t _ l _ n
19 l _ s ch _ _ s s _ tt _ s
20 l _ cr _ v _ t _

2 Des listes

Trouve les mots qui manquent.

Exemple: 1 *mercredi*

1 lundi, mardi, _____ , jeudi
2 le matin, l'après-midi, _____ , la nuit
3 il est une heure, _____ , il est une heure et demie, il est deux heures moins le quart
4 première, deuxième, _____ , quatrième
5 le printemps, l'été, l'automne, _____
6 le petit déjeuner, _____ , le goûter, le dîner

3 Masculin, féminin

Écris deux listes.

Exemple:

masculin	féminin
	une carotte

Pour t'aider

The following endings are usually masculine:
-in, *-age*
The following endings are usually feminine:
-ade, *-ure*, *-tte*

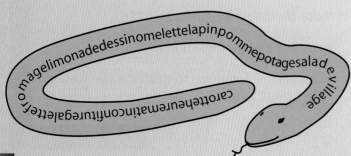

4 C'est quel verbe?

Complète les conversations avec une des expressions de la case.

Exemple: 1 *J'ai*

1 – Quel âge as-tu?
– _____ douze ans.
2 – Tu aimes les bananes?
– Oui, _____ tous les fruits.
3 – Où vas-tu ce soir?
– _____ au festival de musique.
4 – Tu prends du sucre dans ton café?
– Oui, _____ un peu de sucre dans le café, mais pas dans le thé.
5 – Tu es content de tes cadeaux?
– Oui, oui. _____ très content. Ils sont fantastiques!
6 – Je déteste le football, et toi?
– Ah non. Moi, _____ beaucoup ça. Le week-end, _____ souvent au match de foot au Stade Colombe.
7 – Moi, _____ le poulet avec des frites. Et toi?
– Non, je ne prends pas de viande, _____ végétarien.
8 – Est-ce que tu as un lecteur CD dans ta chambre?
– Non, mais _____ une radio.

> j'aime   j'ai   je suis   je vais   je prends

5 Un e-mail

Complète le message de ton/ta correspondant(e). Écris les mots qui manquent.

Exemple: 1 *mon*

Salut!

Aujourd'hui, c'est (**1** my) _____ anniversaire. Ce soir, je vais dîner au restaurant avec (**2** my) _____ parents, (**3** my) _____ sœur et (**4** my) _____ grands-parents. Ils passent une semaine ici avec (**5** their) _____ petit chien, Toto, et (**6** their) _____ oiseaux, Fifi et Lulu. Demain, nous allons à la mer avec (**7** our) _____ amis.

Quelle est la date de (**8** your) _____ anniversaire?

Est-ce que (**9** your) _____ sœur a un(e) correspondant(e) parce que (**10** my) _____ amie, Sandrine, cherche un(e) correspondant(e) anglais(e)?

À bientôt!

Dominique

6 La journée de Mangetout

Mangetout est un gros chat. Il adore deux choses: dormir et manger.

a Complète les phrases.

Exemple: a *À midi, il entre dans la cuisine.*

b Trouve la bonne phrase pour chaque image.

Exemple: **1b**

a À midi, il ___ dans la cuisine. (entrer)

b Le matin, Mangetout ___ dans son panier. (rester)

c Il ___ à manger. Mmm, c'est délicieux! (commencer)

d Enfin, c'est l'heure du dîner. Il ___ tout très vite. (manger)

e Puis il ___ à son panier et il rêve. (retourner)

f Il ___ son déjeuner. (chercher)

g Mais il ___ au prochain repas. (penser)

h Puis il va dans le jardin. Il ___ les oiseaux. (chasser)

> prochain *next*

7 Questions et réponses

Trouve les paires.

Exemple: **1c**

1 Quelle est ta saison préférée?

2 Que fais-tu pendant les vacances?

3 Qu'est-ce que tu vas faire ce week-end?

4 Qu'est-ce que tu prends comme boisson?

5 Est-ce qu'il y a des matières que tu n'aimes pas?

6 Qu'est-ce que vous allez manger?

7 Quelle heure est-il?

8 Quel jour sommes-nous aujourd'hui?

9 Qui fait le jardinage chez toi?

10 Qu'est-ce que tu prends pour le petit déjeuner?

a Je n'aime pas la géographie.

b Une limonade, s'il te plaît.

c Ma saison préférée est l'automne.

d Il est deux heures et demie.

e Je vais visiter mes cousins et on va organiser un pique-nique.

f C'est mardi.

g J'aime faire du camping ou visiter mon correspondant en Angleterre.

h C'est ma mère. Mon père n'aime pas ça; il préfère faire la cuisine.

i Je prends des céréales, un toast et une tasse de café au lait.

j Nous allons manger du poisson, des légumes et, comme dessert, des glaces.

8 À toi!

Choisis cinq des questions (1–10) dans l'activité 7 et réponds pour toi.

Exemple: **8** *C'est vendredi.*

unité 10

Amuse-toi bien!

- *talk about sport*
- *revise the verb* faire

1 Qu'est-ce qu'on fait?

Lis le texte et regarde les images.

En France, les grandes vacances commencent au début du mois de juillet et finissent au début du mois de septembre. Dix semaines de vacances, c'est beaucoup, alors qu'est-ce qu'on fait? Beaucoup de jeunes font du sport. Ils jouent au volley (sur la plage) et au tennis. Et ils font beaucoup d'autres activités, par exemple ...

A — on fait de la natation

B — on fait de la voile

C — on fait de la planche à voile

D — on fait du vélo ou du VTT (vélo tout terrain)

E — on fait du patin à roulettes ou du roller

F — on fait de l'équitation

G — on fait des promenades

H — on fait du skate

2 Faites-vous du sport?

Écris 1–8. Écoute et écris la lettre qui correspond au sport.

Exemple: 1G

3 Qu'est-ce qu'ils font?

Trouve les paires.

Exemple: 1c

a Je fais de la gymnastique.

b Tu fais de la natation?

c Elle fait du ski.

d Nous faisons du roller.

e Vous faites une promenade?

f Ils font de la planche à voile.

4 Trouve les paires

1 Que faites-vous comme sports?

2 Ils font leurs devoirs.

3 Nous faisons les courses.

4 Elles font de la danse.

5 Je fais de la lecture.

6 On fait une promenade?

7 Il fait de la peinture.

8 Tu fais du vélo?

a *Shall we go for a walk?*

b *What kind of sport do you do?*

c *I'm doing some reading.*

d *He is doing some painting.*

e *Are you going out on your bike?*

f *They're going dancing.*

g *They are doing their homework.*

h *We do the shopping.*

5 On fait de la voile

a Complète la conversation avec la forme correcte du verbe **faire**.

Exemple: 1 *tu fais*

b À trois, lisez la conversation.

Hassan: Bonjour, Thomas. Qu'est-ce que (**1**) tu ___ aujourd'hui?

Thomas: Bonjour, Hassan. (**2**) Je ___ des courses pour maman.

Hassan: Moi aussi. Mais (**3**) il ___ beau. (**4**) Mes amis ___ de la voile aujourd'hui.

Thomas: De la voile! Chic! Ma sœur aime ça. Mais aujourd'hui, (**5**) elle ___ ses devoirs.

Hassan: Il n'y a pas assez de place pour trois dans le bateau.

Thomas: Alors, (**6**) on ___ de la voile, nous deux?

Hassan: D'accord, et (**7**) nous ___ les courses plus tard, non?

Marine, la sœur de Thomas arrive.

Marine: Salut, Hassan. Salut, Thomas. Qu'est-ce que (**8**) vous ___ ?

Thomas: Nous allons au lac. (**9**) Nous ___ de la voile.

Marine: Bon, j'arrive. J'aime ça.

Thomas: Mais, (**10**) tu ___ tes devoirs, n'est-ce pas?

Marine: Et vous, (**11**) vous ___ les courses, non?

> ### Dossier-langue
>
> *faire* **(different meanings)**
>
> The main meaning of **faire** is 'to do' or 'to make', but some expressions are translated differently in English. Each language has its own way of conveying meaning.
>
> ***Qu'est-ce qu'on fait?***
>   What shall we do?
>
> ***Ils font les courses.***
>   They are doing the shopping.
>
> ***Vous faites un gâteau?***
>   Are you making a cake?
>
> ***Je fais de l'équitation.***
>   I go horse-riding.
>
> ***Tu fais une photo?***
>   Are you taking a photo?
>
> ***Il fait chaud.***
>   It is hot. (weather)

- talk about music and other leisure activities
- use *jouer de* + instrument

1 Les instruments de musique

Trouve les paires.

Exemple: 1D

1 le clavier
2 le piano
3 le trombone
4 le saxophone
5 le violon
6 le violoncelle

7 la batterie
8 la clarinette
9 la flûte
10 la flûte à bec
11 la guitare
12 la trompette

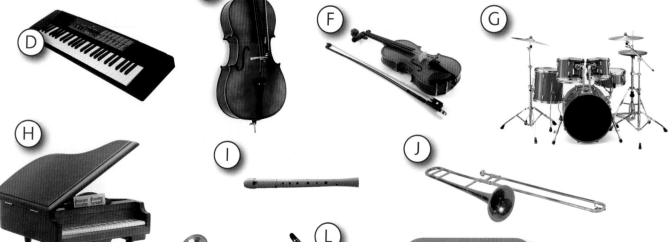

2 La musique, c'est ma passion

Écris 1–8. Écoute et regarde les instruments. Note la bonne lettre.

Exemple: 1F

3 Quel instrument?

Travaillez à deux. Une personne pense à un instrument ou mime l'action de jouer d'un instrument. L'autre devine l'instrument.

Exemple:

Tu joues de la batterie?

Non.

Tu joues de la guitare?

Oui, je joue de la guitare.

Dossier-langue

jouer de + musical instrument

Tu joues d'un instrument de musique?

		clavier.
Je joue		piano.
Tu joues	du	trombone.
Il joue		saxophone.
Elle joue		violon.
		violoncelle.
Nous jouons		batterie.
Vous jouez		clarinette.
Ils jouent	de la	flûte (à bec).
Elles jouent		guitare.
		trompette.

Je ne joue pas d'un instrument.

The rules!

Complete the rule:

1 Use **du** with a _____ noun.
2 Use **de la** with a _____ noun.
3 Use **de (d)** after _____ .

4 Les jeunes musiciens

Complète le texte.

Exemple: 1 *de la flûte à bec*

En France, beaucoup de jeunes jouent d'un instrument de musique, par exemple, Théo joue **(1)** ____ et sa sœur, Camille, joue **(2)** ____ .

Voici Natalie qui joue **(3)** ____ . Elle joue dans l'orchestre du collège.

Voici Hugo et Luc. Ils jouent **(4)** ____ au club des jeunes.

Et voici leur ami, David, qui joue **(5)** ____ .

Sophie ne joue pas **(6)** ____ , mais elle chante dans une chorale au collège.

5 Fête de la musique (Faites de la musique)

En 1982, le directeur de festivals de musique et de danse, Maurice Fleuret, note qu'un jeune sur deux en France jouent d'un instrument de musique. Quelques semaines plus tard, on organise la première fête de la musique, le 21 juin, jour du solstice d'été (la journée la plus longue dans l'hémisphère nord).

Aujourd'hui, la fête est une très grande manifestation culturelle. On fait de la musique partout: dans les rues, dans les parcs et les jardins publics, sur les places, dans les cafés et les théâtres, dans les écoles et les églises, même dans les prisons et les hôpitaux.

Il y a de la musique de toutes sortes: du rock, du jazz, du rap, de la techno, de la chanson, de la musique traditionnelle, de la musique du monde.

L'idée d'une grande fête de la musique commence à s'exporter et maintenant, on organise des fêtes dans plus de cent pays au monde: en Europe, en Amérique du Sud et en Afrique. Dans beaucoup de pays d'Afrique, c'est presque une fête nationale.

Un principe important: tous les concerts sont gratuits pour le public. C'est de la musique par le peuple et pour le peuple.

a Trouve le français.

1 one young person in two
2 a few weeks later
3 the longest day
4 a very large cultural event
5 people make music everywhere
6 all the concerts are free

b Tu comprends?

1 What prompted Maurice Fleuret to organise the first **fête de la musique** in 1982?

2 On what date is it held and what's significant about this date?

3 Mention two outdoor places and two indoor places where music-making takes place.

4 About how many countries organise a similar **fête**?

5 What is an important principle of the **fête**?

> **Stratégies**
>
> Think of three strategies you've learnt for understanding new material in French (see also pages 45, 56 and 120).

- talk about leisure activities
- use *jouer à* + sport/games
- practise letter writing

1 On s'amuse

Tu ne fais pas de sport et tu ne joues pas d'un instrument. Ce n'est pas grave! Il y a beaucoup d'autres choses à faire.

Trouve les paires.

Exemple: **1B**

1 Ils font de la peinture ou du dessin.

2 Il joue à des jeux vidéo.

3 Ils jouent aux cartes.

4 Elle fait de la lecture.

5 Elle fait des photos.

6 Ils jouent aux échecs.

Dossier-langue

jouer de … / jouer à … / faire de …

		singular		plural
		masculine	feminine	
musical instruments	*jouer*	*du violon*	*de la trompette*	
sports/activities	*jouer*	*au badminton*		*aux échecs*
sports/activities	*faire*	*du ski*	*de la lecture*	*des photos*

2 **C'est quelle activité?**

Écris le texte.

Exemple: **1** *Il joue du violon.*

Pour t'aider

masculine	feminine	plural
football	batterie	échecs
violon	flûte	
	guitare	
	trompette	

3 **Des interviews**

a Écris 1–5. Lis les questions et écoute bien. Dans chaque conversation, on pose une question seulement. Note la lettre et la réponse.

Exemple: **1e** *du sport – football, natation*

a Qu'est-ce que tu fais le week-end?

b Qu'est-ce que tu fais comme sport?

c Est-ce que tu joues d'un instrument de musique?

d Est-ce que tu fais d'autres activités?

e Tu as des passe-temps?

b Choisis trois questions et écris tes réponses.

c À deux, faites des interviews. Inventez au moins trois questions et réponses.

4 Deux lettres

Hermeville, le 1er juillet

Cher Amir,

Merci pour ta lettre. Qu'est-ce que tu fais le week-end? Tu as des passe-temps?

Moi, j'habite dans un petit village en Normandie, alors il n'y a pas grand-chose à faire. Le week-end, je fais de l'équitation et du vélo et je fais des promenades avec mon chien, Pistache. S'il pleut, je surfe sur Internet – c'est intéressant. J'aime aussi la lecture, surtout les BD. J'aime beaucoup les aventures d'Astérix. C'est très rigolo.

Je ne joue pas d'un instrument de musique, mais ma sœur joue du violoncelle dans un orchestre. Et toi, tu aimes la musique?

Amitiés,

Théo

La Rochelle, le 29 juin

Chère Chloé,

Comment ça va? Est-ce que tu aimes le sport et la musique?

Moi, j'adore le sport. Je fais un peu de tout: de la gymnastique, de la natation, du badminton et du tennis. Ça, c'est mon sport préféré. Le soir, en hiver, je joue quelquefois aux échecs avec mon frère.

J'aime aussi la musique et je joue de la batterie. Et toi?

Écris-moi bientôt.

Léa

Qui ...

Exemple: *Léa*

1 ... adore le sport?
2 ... fait de l'équitation?
3 ... surfe sur Internet?
4 ... joue au badminton?
5 ... aime la lecture?
6 ... joue aux échecs?
7 ... ne joue pas d'un instrument?

5 Une lettre

Écris une lettre.

- Parle de tes passe-temps (trois activités).

Exemple: *Je fais de la natation le week-end et je joue quelquefois au badminton.*

- Donne une opinion.

Exemple: *La natation, c'est super.*

- Parle d'une autre personne.

Exemple: *Ma copine, Léa, joue de la batterie.*

- Pose une question.

Exemple: *Tu aimes le sport?*

Stratégies

writing a letter to a friend

Beginning a letter:

Cher ... Dear ... (for a boy or man)
Chère ... Dear ... (for a girl or woman)

Opening phrases:

Comment ça va? How are you?
Merci pour ta lettre. Thank you for your letter.

Ending a letter:

Écris-moi bientôt. Write soon.
Amitiés, ... Best wishes, …
Ton ami(e), ... Your friend, …

reading French handwriting

French handwriting can look different from English handwriting.

Les lettres:

f j m n p q r s w y z

Les nombres:

1 2 4 7 9

Can you recognise them all?

- recognise the past tense
- use some phrases in the past tense

1 Samedi dernier

Qu'est-ce que tu as fait samedi dernier?

J'ai joué au badminton. Et toi?

Moi, j'ai fait de la natation.

la semaine dernière	last week
samedi dernier	last Saturday

Which word is the noun and which is the adjective?

Is the word order different in French?

Do you remember the rule about the position of adjectives?

Why are there two different forms: **dernier** and **dernière**? (They have similar endings to **cher** and **chère**.)

Use the pattern of **samedi dernier** to say the French for:

last Friday   last Wednesday   last Monday

When you hear **dernier** or **dernière**, it may be a clue that the conversation is about the past.

Écris 1–10. Écoute et note la lettre de l'activité.

Exemple: 1C

A   B   C   D   E

F   G   H   I   J

2 Présent ou passé?

Mets les phrases dans deux groupes.

Exemple:

présent	passé
1	3

Dossier-langue

recognising the past tense (1)

	French	English		French	English
present	*je joue*	I play, I'm playing		*je fais*	I do, I am doing
past	*j'ai joué*	I played, I have played		*j'ai fait*	I did, I have done

How many words are used for the past tense in French, apart from **je (j')**. Which verb is used for the first part? Is this similar to English?

1 Je joue de la batterie.

2 Aujourd'hui, je fais mes devoirs.

3 Lundi dernier, j'ai fait une promenade.

4 Et mardi dernier, j'ai joué du piano.

5 Ensuite, j'ai joué à des jeux vidéo.

6 Ce matin, je fais du roller.

7 Jeudi dernier, j'ai fait de la gymnastique.

8 Et aujourd'hui, je joue aux échecs.

3 Deux jours actifs

a Lundi dernier, tu as fait beaucoup de sport. Fais trois phrases.

Exemple: *J'ai fait du vélo, ...*

b Mardi dernier, tu as fait beaucoup de musique. Fais trois phrases.

Exemple: *J'ai joué de la batterie, ...*

4 Inventez une conversation

Travaillez à deux. Inventez une petite conversation.

Exemple:

> Qu'est-ce que tu as fait samedi dernier?

> J'ai joué ... et j'ai fait ... Et toi?

> Moi, j'ai fait ... et j'ai joué ...

> **Stratégies**
>
> ### adding more detail
>
> When talking about your hobbies or activities, try to add some extra details like where you go, who with and when.
>
> *J'ai joué au badminton. →*
> *Vendredi dernier, j'ai joué au*
> *badminton avec mes amis au*
> *centre sportif.*

5 La semaine dernière

Écris 1–8. Écoute et note les détails.

Exemple:

	quand	quoi	avec qui	où
1	sam	danse	sœur	club des jeunes
2				

6 Phrases aux nombres

Écris quatre nombres ou jette un dé quatre fois. Puis fais la phrase qui correspond.

Exemple: → *Vendredi dernier, j'ai joué au badminton avec mes amis sur la plage.*

quand	quoi	avec qui	où
1 lundi	1	1 mon copain	1 au parc
2 mardi	2	2 ma copine	2 au club des jeunes
3 mercredi	3	3 mes amis	3 au centre sportif
4 jeudi	4	4 mon frère	4 au collège
5 vendredi	5	5 ma sœur	5 dans le jardin
6 samedi	6	6 mes cousins	6 sur la plage

7 Dossier personnel

Écris ton journal pour la semaine dernière dans ton **Dossier personnel**.

Exemple: *Lundi dernier, j'ai fait ... J'ai joué ...*

■ *find out about Astérix and the Parc Astérix*
■ *use the 24-hour clock*

Astérix le Gaulois

Astérix est un personnage de bande dessinée créé par René Goscinny (scénario) et Albert Uderzo (dessin). Astérix est très populaire en France et dans beaucoup d'autres pays. Les 33 livres d'Astérix sont traduits dans plus de 100 langues.

Les aventures d'Astérix se passent en Gaule en l'année 50 avant Jésus-Christ. Tout le pays est occupé par les Romains … Tout? Mais non, un village résiste encore à l'invasion. C'est le village d'Astérix et de ses amis. Il y a son ami Obélix et son chien Idéfix. Il y a aussi Panoramix, le druide, qui prépare des potions magiques pour aider les Gaulois à défendre leur village contre les Romains.

© Goscinny

Le Parc Astérix

Le Parc Astérix est situé près de Paris dans le nord de la France.

C'est un parc d'attractions consacré à l'univers d'Astérix.

Avec presque deux millions de visiteurs par an, c'est le deuxième parc d'attractions le plus fréquenté de France, après Disneyland Paris.

Les attractions

1 Astérix le Gaulois

Corrige les phrases.

1 Astérix habite dans une ville.
2 Obélix est l'ennemi d'Astérix.
3 Obélix a un chat qui s'appelle Idéfix.
4 Panoramix fait des baguettes magiques.
5 Astérix et ses amis résistent aux invasions des Anglais.

2 Le Parc Astérix

a Regarde les photos et trouve le bon texte.

A Le grand huit: une attraction très intense avec sept fois la tête en bas. Pour les courageux!

B Les dauphins du Parc Astérix sont des «grands dauphins» ou «dauphins souffleurs». On trouve ces dauphins sur la côte Atlantique, dans la Manche et la mer Méditerranée. Les dauphins remontent régulièrement à la surface pour respirer, mais ils peuvent rester jusqu'à 15 minutes sous l'eau. Ce sont des animaux très sociables.

C On fait une promenade en bateau sur l'eau, avec des effets aquatiques. À la fin, ça descend très rapidement dans un grand SPLATCH. C'est très amusant.

D Dans le village d'Astérix, on voit des personnages des bandes dessinées, comme Obélix. C'est bien pour prendre des photos.

E Si vous avez le courage d'Hercule, approchez-vous de ce monstre bleu à sept têtes. Avec ses tentacules, il va vous faire tourner dans tous les sens.

> la tête en bas   *upside down (literally: head below)*

Jours d'ouverture*

Ouvert avril – septembre 10h – 18h00
(août: 09h30 – 19h00)
Ouvert le week-end en septembre et octobre
Fermé de novembre à mars

Tarifs d'entrée*

	Gaulois Adulte	Petit Gaulois
	12 ans et plus	3 ans à 11 ans inclus
1 **jour**	37 euros	27 euros
2 **jours**	66 euros	46 euros

Entrée gratuite pour les moins de 3 ans.
* consulter le Parc/site web pour des détails plus précis

3 24 heures

Écris 1–10. Écoute et écris l'heure.

Exemple: **1** *15h00*

4 Attention, c'est l'heure!

Quelle heure est-il? Trouve les paires.

Exemple: **1B**

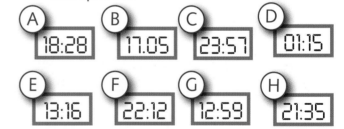

A 18:28   B 17.05   C 23:57   D 01:15

E 13:16   F 22:12   G 12:59   H 21:35

1 Il est dix-sept heures cinq.
2 Il est douze heures cinquante-neuf.
3 Il est une heure quinze.
4 Il est vingt-deux heures douze.
5 Il est vingt-trois heures cinquante-sept.
6 Il est dix-huit heures vingt-huit.
7 Il est treize heures seize.
8 Il est vingt et une heures trente-cinq.

b Consulte les informations pour répondre aux questions.

1 Le Parc ferme à quelle heure en mai?
2 Ça ferme quand en août?
3 Le Parc est ouvert quand en octobre?
4 Est-ce que le Parc est ouvert à Noël?
5 Où est le Parc? C'est près de quelle ville?
6 L'entrée est combien pour un enfant de onze ans?
7 Et c'est combien pour un enfant de deux ans?
8 Pour les adultes, c'est combien?

Stratégies

Nouns and verbs of similar meaning often look alike. Work out what these nouns mean.

	noun	verb
	1 l'entrée (f)	entrer = *to go in, enter*
Exemple:	*entrance*	
	2 la fermeture	fermer = *to shut*
	3 l'ouverture	ouvrir = *to open*
	4 la sortie	sortir = *to go out*

Stratégies

The 24-hour clock is used widely in France for opening times, events, films, matches, etc.
For example:
19h15 (7.15 pm) 23h30 (11.30 pm)

- *revise places*
- *learn how to say 'I went'*
- *understand and use sequencing words*
- *write about a special day*

recognising the past tense (2)

	French	English
present	*je vais*	I go, I'm going
past	*je suis allé(e)**	I went

* add an 'e' for a girl or a woman

Some verbs form the past tense with part of *être*. Just practise *je suis allé(e)* as a phrase now. You will learn more about the past tense in Stage 2.

1 Tu as passé un bon week-end?

 Écris 1–10. Écoute et note la destination.

Exemple: 1 *à la plage*

au	à la	à l'	aux
bowling	bibliothèque	aquarium	magasins
centre sportif	mosquée	église	
château	patinoire		
cinéma	piscine		
club des jeunes	plage		
musée	synagogue		
parc			
temple			

2 Je suis allé(e) en ville

Fais des phrases.

Exemple: 1 *Je suis allé(e) à la bibliothèque.*

3 Une journée à Paris

 Écoute et note la lettre du mot qui manque.

Exemple: 1b

a	cinéma
b	excellent
c	impressionnant
d	intéressant
e	l'après-midi
f	le matin
g	musée
h	un pique-nique

– Tu as passé un bon week-end?

– Ah oui, j'ai passé un (**1**) ___ week-end. Je suis allé à Paris.

– Paris, c'est bien?

– Ah oui, il y a beaucoup de choses à faire. D'abord, (**2**) ___ , je suis allé à la tour Eiffel. C'est vraiment (**3**) ___ . Puis à midi, on a fait (**4**) ___ près de la Seine.

– Et l'après-midi?

– Ensuite, (**5**) ___ , je suis allé à la Cité des Sciences. C'est un grand (**6**) ___ avec beaucoup d'activités scientifiques et il y a aussi un planétarium et un grand (**7**) ___ IMAX. C'est très (**8**) ___ .

sequencing words

When you're giving a longer description about a day or a weekend, it helps to use words to describe the sequence of events. Look out for the following expressions and try to use some yourself.

le matin	in the morning
l'après-midi	in the afternoon
le soir	in the evening
d'abord	first of all
puis	then, next
ensuite	next
plus tard	later

4 Inventez des conversations

Tour á tour, faites des phrases.

a La semaine dernière

> Lundi, je suis allé(e) au parc. Et toi?

> Moi, je suis allé(e) au cinéma.

> Mardi, ...

b Le week-end

> Tu as passé un bon week-end?

> Oui, le matin, je suis allé(e) ... Puis l'après-midi, je suis allé(e) ....

5 Une journée idéale

Ma journée idéale se passe dans une station de ski dans les Alpes au mois d'avril. En avril, il y a de la neige, mais aussi du soleil.

Le matin, je fais du ski avec mes copains. C'est super!

À midi, on mange sur la terrasse d'un café à la montagne. Je prends une pizza. Mmm! J'adore les pizzas! Comme boisson, je prends une limonade, et comme dessert, je mange une grosse glace à la vanille.

Puis l'après-midi, on continue à faire du ski. À cinq heures, on prend le goûter: un chocolat chaud et du gâteau – délicieux. Puis on fait du shopping: j'achète mon magazine favori.

Le soir, nous dînons au restaurant et ensuite, nous allons en boîte.

On danse, on rit, on s'amuse jusqu'à minuit. Quelle journée fantastique!

Lucie

> en boîte   to a club

Corrige les erreurs.

Exemple: **1** *Lucie fait du ski.*

1 Pour sa journée idéale, Lucie fait du roller.
2 C'est au mois d'octobre.
3 Elle prend son déjeuner à une heure.
4 Elle déteste les pizzas.
5 Comme boisson, elle prend un jus d'orange.
6 Elle mange une glace à la fraise.
7 À cinq heures, elle prend le petit déjeuner.
8 Elle mange du fromage.
9 Puis elle fait de la natation.
10 Le soir, elle dîne en boîte.

6 Dossier personnel

Écris une description d'une journée un peu différente.

a *Une journée idéale*

b *Une journée catastrophique*

C'est dans quel mois?
Quel temps fait-il?

Qu'est-ce que tu fais le matin?
Qu'est-ce que tu manges à midi?

Tu aimes ça?

Exemple:

Ma journée idéale est en août.
Il fait chaud.
Le matin, je ... C'est très amusant!
À midi, je mange ... J'adore ça.

Exemple:

Aujourd'hui, ça ne va pas.
D'abord, il pleut et il fait froid.
Puis mon petit frère est très méchant.
Et l'ordinateur ne marche pas.
C'est vraiment nul.
C'est un désastre!

■ *talk about leisure in general*
■ *write questions*

1 Un jeu-test: Comment passes-tu tes loisirs?

1 Pour toi, une soirée amusante, c'est ...

a regarder un DVD à la maison, avec du coca et un paquet de chips.

b aller au club des jeunes, jouer aux cartes et discuter avec des amis.

c faire une promenade avec des amis, puis aller prendre un snack dans un café.

2 Un samedi en été, toute la bande va au parc.

a Tu décides de rester dans ton jardin.

b Tu restes assis(e) sur un banc avec un(e) ami(e) et vous mangez chacun(e) une glace énorme.

c Tu joues au tennis ou tu fais une promenade avec tes copains.

3 C'est un samedi après-midi en hiver, mais il fait beau.

a Tu regardes le match de football à la télé et tu manges des bonbons ou des gâteaux.

b Avec tes amis, tu vas voir le match au stade en ville.

c Tu joues au foot ou au volley avec des copains.

4 Pour Noël, tu voudrais ...

a un gros livre de bandes dessinées, une boîte de chocolats et un jeu vidéo.

b un baladeur, un téléphone portable ou des jeux de société.

c un vélo tout terrain, des chaussures de football ou des baskets.

5 Tu aimes bien la musique. Est-ce que tu préfères ...

a écouter de la musique dans ta chambre?

b écouter des CD avec des amis, en discutant de vos préférences?

c jouer dans un orchestre ou un groupe ou chanter dans une chorale?

6 En général, tu préfères ...

a t'amuser tout(e) seul(e), chez toi (avec des snacks et des boissons en plus).

b t'amuser avec des copains, mais sans faire des activités trop énergiques.

c faire du sport ou d'autres activités intéressantes, mais surtout physiques.

Alors, qui es-tu?

6 ou 5 x c Tu profites bien de tes loisirs . Tu es énergique et sociable.

6 ou 5 x b Tu es très sociable, mais tu es un peu paresseux/paresseuse. Fais un peu plus d'exercice pour rester bien en forme!

6 ou 5 x a S'amuser tout(e) seul(e) quelquefois), ça va, mais c'est bien de passer une partie de tes loisirs avec d'autres jeunes. Attention! Un peu d'exercice est préférable à un paquet de chips!

2 Un sondage

Prépare trois questions qui demandent des réponses **oui/non** pour un questionnaire sur les loisirs. Choisis un de ces thèmes.

a La musique

Exemple: *Est-ce que tu joues du piano?*

b Le sport

Exemple: *Est-ce que tu fais du judo?*

c Les loisirs en général

Exemple: *Est-ce que tu fais de la peinture?*

idée

During the holidays, choose one of these topics each week and try to practise some of the words each day.

Numbers (p17, p27 and p59)   Family and house (p27)
Animals (p39)   Colours (p39)   Clothes (p57)
Weather and seasons (p73)   Places in town (p89)
School subjects (p107)   Food and drink (p121)
Sport and music (p137)

SOMMAIRE

Now I can ...

■ talk about sport

Est-ce que tu aimes le sport?	Do you like sport?
Je fais ...	I ...
du cyclisme/du vélo.	go cycling.
du roller.	go roller blading.
du skate.	go skate-boarding.
du ski.	go skiing.
du VTT.	go mountain-biking.
de la gymnastique.	do gymnastics.
de la natation.	go swimming.
de la planche à voile.	go wind-surfing.
de la voile.	go sailing.
de l'équitation.	go horse-riding.
des promenades.	go walking.
Je joue ...	I play ...
au basket.	basketball.
au volley.	volleyball.

■ talk about music

Est-ce que tu aimes la musique?	Do you like music?
Je joue ...	I play ...
du clavier.	the keyboard.
du piano.	the piano.
du violon.	the violin.
de la batterie.	the drums.
de la flûte.	the flute.
de la guitare.	the guitar.

See page 126 for other instruments.

J'aime la musique, mais je ne joue pas d'un instrument.	I like music, but I don't play an instrument.

■ talk about other activities

Est-ce que tu fais autre chose?	Do you do anything else?
Je fais ...	I ...
du dessin.	draw.
de la peinture.	paint.
de la lecture.	read.
du théâtre.	do drama.
de la photo.	take photos.
Je joue ...	I play ...
sur l'ordinateur.	on the computer.
à des jeux vidéo.	computer games.
aux cartes.	cards.
aux échecs.	chess.

■ recognise some words which indicate the past

samedi dernier	last Saturday
le week-end dernier	last weekend
la semaine dernière	last week

■ understand the 24-hour clock

■ use the verb *faire* in other expressions (see page 124)

■ use *jouer de* + musical instruments (see page 126)

■ use *jouer à* + sports and games (see page 128)

■ talk about a theme park

un parc d'attractions	theme park
C'est situé près de ... (Paris).	It's near ... (Paris).
C'est pour ... (les enfants et les adultes).	It's for ... (children and adults).
C'est ouvert ... (tous les jours en été).	It's open ... (every day in summer).
L'entrée, c'est ... (35 euros).	It costs ... (35 euros) to go in.
C'est gratuit ...	It's free ...

■ recognise and use some phrases in the past tense

Tu as passé un bon week-end?	Did you have a good weekend?
J'ai fait ... (de la natation).	I did ... (some swimming).
J'ai joué ... (au football).	I played ... (football).
Je suis allé(e) ... (au cinéma).	I went ... (to the cinema).

■ understand and use sequencing words

le matin	in the morning
l'après-midi	in the afternoon
le soir	in the evening
d'abord	first of all
puis	then, next
ensuite	next
plus tard	later

Un bon repas pour Mangetout

①

Mangetout est un gros chat –très gros!

Il aime deux choses dans la vie: dormir et manger.

Il est midi – l'heure du déjeuner. Mangetout cherche quelque chose à manger.

②

Il entre dans la cuisine – quelle chance! La table est couverte de provisions.

D'abord, il mange du poisson. Il adore ça!

③

Il mange un peu de pain aussi, puis de la viande ... mmm, c'est excellent!

④

Puis il mange des carottes et des tomates ... tout est délicieux!

⑤

Il n'aime pas beaucoup la salade, mais il en mange un peu, quand même!

«Maintenant, un peu de fromage», pense Mangetout, et il mange un gros morceau de fromage.

⑥

Et comme dessert?

Sur la table, il y a un gâteau magnifique. Mangetout mange du gâteau ... mmm ... délicieux! Mais ... soudain, il écoute ... c'est Madame qui arrive!

Il décide de s'échapper ... mais ... hélas ... c'est impossible!

⑦

Il pense au repas énorme qu'il a mangé – du poisson, du pain, de la viande, des carottes, des tomates, de la salade, du fromage et du gâteau ...

⑧

Une recette

Mousse au chocolat

①

Mets 125 g de chocolat dans un bol et fais fondre dans de l'eau bouillante.

②

Prends deux grands œufs. Sépare les jaunes et les blancs d'œufs.

③

Ajoute les jaunes d'œufs au chocolat.

④

Bats les blancs d'œufs en neige.

⑤

Peu à peu, ajoute le chocolat.

⑥

Mets dans des verres. Bon appétit!

La page des sports

Le volley-ball

- Le volley, inventé en Amérique, date de 1895.

- C'est un sport collectif, joué en deux équipes de six joueurs.

- C'est un sport de toutes les saisons qui est très populaire dans beaucoup de pays.

- On peut jouer à l'intérieur ou à l'extérieur. On joue souvent au volley sur la plage.

- Les règles du sport sont assez simples et presque tout le monde peut jouer au volley. En plus, c'est un sport qui ne coûte pas cher – on utilise seulement un filet et un ballon.

Le judo

- Le judo pratiqué aujourd'hui date de 1882, mais le sport original, le ju-jitsu, inventé au Japon, est plus ancien.

- Le système des ceintures de couleur différente date seulement de 1935.

- Les couleurs représentent le progrès des élèves. Voici les couleurs dans l'ordre du plus clair au plus foncé: le blanc, le jaune, l'orange, le vert, le bleu, le brun, le noir. La ceinture noire indique le meilleur niveau.

- Le judo est très populaire en France. Il y a plus de 5000 clubs et l'âge minimum pour un «judoka» est cinq ans.

La planche à voile

- La planche à voile est un sport qui se pratique avec une planche de deux à cinq mètres et une seule voile.

- On pratique ce sport en mer et sur des lacs.

- C'est un sport assez récent, qui date des années 1960.

- On a fabriqué les premières planches à voile en Californie, USA, à cette époque.

- Dans une école, on peut apprendre les principes du sport en quelques heures.

- On appelle les personnes qui pratiquent ce sport des véliplanchistes.

La natation synchronisée

- La natation synchronisée réunit la natation, la gymnastique et la danse.

- C'est un sport pratiqué surtout par des filles et des femmes.

- Le sport a été inventé au Canada dans les années 1900.

- On pratique la natation synchronisée individuellement, à deux, à trois ou en équipes de huit nageuses.

- C'est un sport olympique depuis 1984.

1 Qui est-ce?

Regarde les photos. Écris 1–8. Qui est-ce?

Exemple: 1 *C'est Loïc.*

2 Télé-jeu: 30 secondes

 Écoute. Chloé gagne quatre choses et Max gagne six choses. Écris les numéros dans l'ordre.

Exemple: *Chloé – 1, ...*

3 C'est quelle image?

Trouve les paires.

Exemple: 1B

1 Salut!

2 Bonjour, madame.

3 Voici des affaires scolaires.

4 – Ça va?
   – Oui, ça va bien, merci.

5 – Quel âge as-tu?

6 – Ça va?
   – Non, pas très bien.

7 Où sont mes affaires scolaires?

8 Comment t'appelles-tu?

unité 2 Au choix

1 C'est où?

Écris des phrases.

Exemple: 1 *Glasgow, c'est une ville en Écosse.*

C'est une ville	en Angleterre.
	en Écosse.
	en Irlande (du Nord).
	en France.
	au pays de Galles.

1 Glasgow ›
2 Manchester ›
3 ‹ PARIS
4 ‹ LA ROCHELLE
5 BORDEAUX ›
6 ‹ Dublin
7 Leeds ›
8 Belfast ›
9 ‹ Swansea
10 ‹ Aberdeen

• Aberdeen
• Glasgow
• Belfast
Dublin •
• Leeds
Manchester
• Swansea

2 Complète les phrases

Exemple: 1 *J'habite dans une maison à Lourdes.*

1 J'habite ____ une maison ____ Lourdes.

2 Tu habites ____ un village ou ____ une ville?

3 Luc habite ____ France, ____ un appartement.

4 J'habite ____ Penarth, ____ de Cardiff, ____ pays de Galles.

5 Caitlin habite ____ Irlande, ____ une ferme ____ de Cork.

| à |
| au |
| dans |
| en |
| près |

3 Qu'est-ce que c'est?

 a Écris 1–8. Écoute et choisis la bonne image.

Exemple: 1C

A B C
D E F
G H

b Écris une phrase pour chaque image.

Exemple: a *Voici des baladeurs.*

C'est	un	baladeur(s).
	une	boîte(s).
Voici	des	calculatrice(s).
		enfant(s).

4 Jean-Pierre a des problèmes

 Le professeur demande ces choses, mais dans quel ordre? Écoute et écris les lettres.

Exemple: C, ...

A B
CAHIER de MATHS
Mathématiques
Mathématiques
C D E F

1 Combien?

Voici tes frères et tes sœurs (imaginaires).
Combien de frères et sœurs as-tu?

Exemple: 1 *J'ai deux frères et une sœur.*

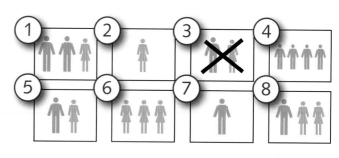

2 Des questions utiles

Tu parles à un jeune visiteur français. Complète ces questions avec **ton**, **ta** ou **tes**.

Exemple: 1 *Ton*

1 ____ frère, comment s'appelle-t-il?

2 ____ sœur, comment s'appelle-t-elle?

3 ____ parents sont ici avec toi?

4 ____ collège (*m*), comment s'appelle-t-il?

5 Tu aimes ____ collège?

6 ____ amie, comment s'appelle-t-elle?

7 Où est ____ maison en France?

8 Où sont ____ affaires?

3 La maison de la famille Lambert

Écoute et complète.

Exemple: 1 *maison*

Voici la (**1**) ____ et le jardin de la famille Lambert.

Dans la cuisine, il y a trois (**2**) ____ et une (**3**) ____ .

Mme Lambert est dans la (**4**) ____ .

Anne-Marie Lambert est dans le (**5**) ____ . Elle regarde (**6**) ____ .

Voici la chambre de Christophe Lambert. Dans sa chambre,
il y a (**7**) ____ lit et aussi ses (**8**) ____ .

Voici (**9**) ____ salle (**10**) ____ bains.

4 Jeu de mémoire

Regarde chaque image pour faire le jeu de mémoire. Qu'est-ce que c'est? C'est à qui?

Exemple: 1 *C'est la radio de la famille Laurent.*

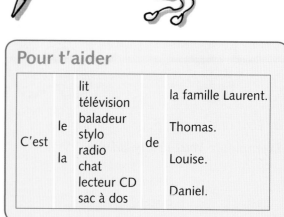

Pour t'aider

C'est	le / la	lit télévision baladeur stylo radio chat lecteur CD sac à dos	de	la famille Laurent. Thomas. Louise. Daniel.

5 Samedi

 a Écoute et lis.   **b** Complète les phrases.

Exemple: 1 *est*

(1) C'___ samedi chez la famille Laurent. Où sont les enfants?

Oui, Maman. Je (4) ___ ici. J'écoute des CD.

Où est Louise? Je pense qu'elle (2) ___ dans sa chambre ... Louise, tu (3) ___ dans ta chambre?

Et Thomas? Il est dans sa chambre aussi? Thomas, tu (5) ___ dans ta chambre?

Très bien. Mais où (7) ___ Daniel? Daniel, tu (8) ___ dans ta chambre?

Non, Maman. Je (6) ___ dans le salon. Je regarde la télé.

Tu ranges tes affaires?!

Mais oui, Maman! Dimanche, c'(10) ___ le concert rock en ville, non? Et moi, j'adore la musique!

Thomas et Daniel

Oui, Maman, je (9) ___ dans ma chambre. Je range mes affaires.

6 Ma famille

Écris quelques phrases sur ta famille pour ton **Dossier personnel**.

ou

Dessine une affiche (avec des photos ou des dessins).

Pour t'aider

Ma famille
Moi
Je suis fils/fille unique.
Mes parents
J'habite avec mon père (mon beau-père).
ma mère (ma belle-mère).
mon/mes frère(s) (mon demi-frère).
et ma/mes sœur(s) (ma demi-sœur).
Il s'appelle ...
Elle s'appelle ...

1 Combien d'animaux?

Il y a combien d'animaux sur le dessin?

Exemple: 1
> Il y a combien de hamsters?
>
> Il y a trois hamsters.

1 Il y a combien de hamsters?
2 Il y a combien de chiens?
3 Il y a combien d'oiseaux?
4 Il y a combien de chats?
5 Il y a combien de souris?
6 Il y a combien de poissons?
7 Il y a combien de lapins?

2 Chat perdu

Voici une photo du chat que Mme Robert a trouvé. Mais, c'est à qui? Écoute les conversations au téléphone et décide.

Le chat est à ...
1 Mme Duval?
2 Claire Martin?
3 François Léon?

> Chat trouvé en ville
> (le 12 novembre)
> Téléphonez à Mme Robert:
> 48 24 14 91

3 Des animaux

Voici les animaux de la famille Corpuscule. Écris une description de ces animaux.

Exemple: 1 *C'est un chien. Il est vert et noir. Il est gros. Il est méchant.*

① ② ③ ④ ⑤ ⑥

4 Des questions

Invente six questions avec **Est-ce que ...**

Exemple: *Est-ce que tu as un ordinateur?*

Est-ce que	tu	as	un animal?
	ta sœur	a	beaucoup d'amis?
	ton frère		(etc.)
	tu	habites	dans une maison?
	ta famille	habite	(etc.)
	ta maison	est	en ville?
			près d'ici? (etc.)

5 La chasse à l'intrus

Quel mot ne va pas avec les autres?

Exemple: 1 *vingt*

1 lundi, mardi, mercredi, vingt
2 six, sept, oui, neuf
3 un chien, une maison, une souris, un lapin
4 un crayon, un garçon, une règle, une boîte
5 gris, jaune, noir, gros
6 la cuisine, la sœur, le frère, le père

7 un magasin, une maison, un appartement, un cheval
8 Angleterre, Paris, France, Écosse
9 cinquante, soixante, treize, quarante
10 blanche, brun, méchante, mignonne
11 a, as, à, ai
12 petit, très, énorme, gros

6 Un échange

Lis l'histoire de Frédéric.
Vrai ou **faux**?

Exemple: 1 *vrai*

1 Frédéric aime beaucoup les animaux.
2 Frédéric n'aime pas les chiens.
3 Frédéric déteste les chats.
4 Sophie adore les petits garçons.

5 Frédéric aime beaucoup les lapins et les souris.
6 Sophie adore son petit frère.
7 Frédéric n'aime pas les cochons d'Inde.
8 Sophie n'aime pas les chiens.

1 Les mois de l'année

Écris le mois.

Exemple: 1 *mars*

1 janvier, février, ____

2 ____ , mai, juin

3 juillet, ____ , septembre

4 octobre, ____ , décembre

5 le premier mois

6 le dernier mois

7 un mois avec trois lettres

8 un mois avec neuf lettres

2 L'année prochaine

Note les dates importantes pour l'année prochaine. Pour t'aider, consulte un calendrier.

Exemple: 1 *Mon anniversaire est le deux septembre.*

1 mon anniversaire

2 L'anniversaire de ma mère est …

3 L'anniversaire de mon père est …

4 L'anniversaire de mon ami(e) est le …

5 mardi gras

6 la fête des Mères

7 le dimanche de Pâques

3 Des annonces

Week-end de Pâques à La Rochelle

Départ en car: le samedi à 9h, 67 avenue de la Cathédrale, devant le café Saint-Jacques

Retour: le mardi vers 6h

14 juillet

17h: Blanc Batou (percussions) dans la ville.

21h: Bal, place de l'Hôtel de Ville

22h: Grand feu d'artifice

Pâques sur les routes.

Bison Futé vous annonce: Trois jours difficiles – vendredi, samedi et lundi

Faites attention sur les routes!

Noël à Paris

Chants de Noël de nos provinces. À la cathédrale Notre-Dame de Paris le 17, 18 et 19 décembre à 21h.

250 choristes, musiciens, danseurs et comédiens en costumes régionaux interprètent des chants de Noël.

Lis les phrases et consulte les annonces. Écris **vrai** ou **faux**. Corrige les phrases fausses.

Exemple: 1 *faux. C'est à Pâques.*

1 Le voyage à La Rochelle est à Noël.

2 Le voyage à La Rochelle est du samedi au mardi.

3 Vendredi, samedi et dimanche sont des jours difficiles sur les routes.

4 Le quatorze juin, il y a un feu d'artifice.

5 Le quatorze juillet il y a un bal, place de l'Hôtel de Ville.

6 À la cathédrale, il y a un concert de chants de Noël.

7 Le concert est le dix-sept, dix-huit et le vingt-neuf décembre.

4 Notre famille

Complète la description avec la forme correcte du verbe **être**.

Exemple: 1 est

> Notre famille (**1**) _ assez grande. J'ai quatorze ans et je (**2**) _ l'aîné de la famille. Mon anniversaire (**3**) _ le huit janvier.
> Mon frère, Luc, a douze ans. Il (**4**) _ grand. Ma sœur, Sophie, a neuf ans. Elle (**5**) _ petite. Est-ce que tu as des frères et sœurs ou (**6**) _-tu enfant unique?
> Nous avons un chien, Caspar. Il (**7**) _ gros et noir. Il (**8**) _ adorable.
> Sur cette photo, nous (**9**) _ dans le jardin. Mes parents (**10**) _ là aussi.
> Nous avons aussi deux cochons d'Inde, mais ils ne (**11**) _ pas sur la photo.

5 Les chaussettes de Jacques

Le quinze décembre, c'est l'anniversaire de Jacques. Complète les bulles avec un mot de la case.

Exemple: 1 Bon

chaussettes   rien   aime
Bon   merci   cadeau
anniversaire   rouge   beaucoup
gentil   petit

(**1**) _ anniversaire, Jacques. Voici un petit (**2**) _ pour toi.

Oh, (**3**) _ ! J'aime bien la couleur.

Bon (**4**) _, Jacques.

De (**7**) _.

Merci (**5**) _. C'est très (**6**) _.

Voici un (**8**) _ cadeau.

Ah, des (**9**) _, merci.

Le (**10**) _, c'est ta couleur préférée, non?

Oui, c'est vrai, merci.

Cher Père Noël,
Je n'(**11**)_ pas les chaussettes.
Merci,
Jacques

6 Une lettre illustrée

a Écris le cadeau en français pour chaque dessin.

Exemple: 1 les lunettes de soleil rouges

b C'est ton anniversaire. Tu as reçu quatre cadeaux. Écris une lettre à un(e) ami(e) française – avec des dessins, si tu veux.

> Chère Suzanne,
>
> Merci beaucoup pour (**1**) 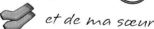. Elles sont idéales pour le ski. Pour Noël, j'ai reçu beaucoup de cadeaux, par exemple (**2**) 👕, (**3**) 🩳, (**4**) 🧢 et (**5**) 🏸.
>
> J'ai reçu de mon frère (**6**) 🧦 et de ma sœur (**7**) 🍬. J'ai même reçu un cadeau de mon chat, Mimi – (**8**) 🐁 ! Elle est très mignonne.
>
> Et toi? Qu'est-ce que tu as reçu?
>
> À bientôt,
>
> Dominique

1 Quel temps fait-il?

Quel temps fait-il à Brighton? Et dans les autre villes?

Exemple: 1 *À Brighton, il fait mauvais.*

2 La météo

Écoute la météo et complète la grille dans ton cahier.

ville	temps		température	match de …
1 Cardiff	**(a)**	Il fait froid.	**(b)** ___	**(c)** ___
2 Birmingham	**(d)**	___	**(e)** ___	**(f)** ___
3 Édimbourg	**(g)**	___	**(h)** ___	**(i)** ___

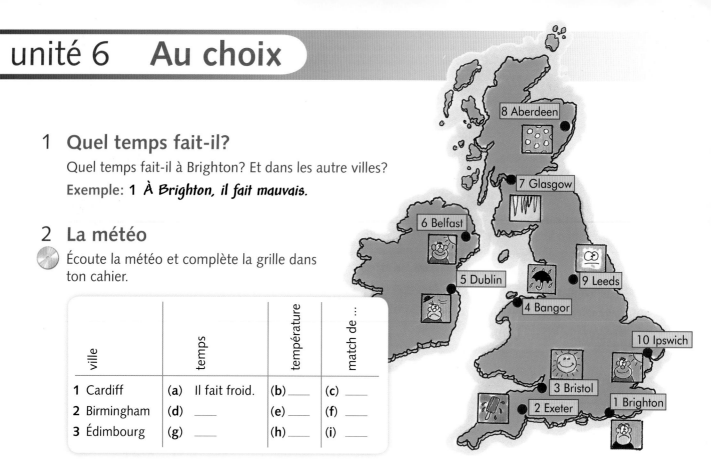

8 Aberdeen
7 Glasgow
6 Belfast
5 Dublin
9 Leeds
4 Bangor
10 Ipswich
3 Bristol
2 Exeter
1 Brighton

3 Devant la télé

Tout le monde regarde la télé. Complète les phrases avec la forme correcte du verbe **regarder**.

Exemple: 1 *Tu regardes la télé?*

1 Tu ___ la télé?
2 Je ___ la télé.
3 Ils ___ la télé.
4 Vous ___ la télé?
5 Elles ___ la télé.
6 Nous ___ la télé.
7 On ___ la télé.
8 Les enfants ___ la télé.
9 Papa ___ la télé.
10 Tous les adultes ___ la télé.
11 Le chat s'appelle Mangetout. Il ___ la télé aussi.

4 Des phrases au choix

Écris quatre nombres ou jette un dé quatre fois. Puis fais la phrase qui correspond.

Exemple: *Nous attrapons le dinosaure dans la salle de bains.*

1 Je/J'	1 chercher	1 la tarentule	1 dans la cuisine.
2 Tu	2 attraper	2 la girafe	2 dans la salle de classe.
3 Il/Elle/On	3 chasser	3 le lion	3 dans la salle de bains.
4 Nous	4 dessiner	4 l'éléphant	4 dans le supermarché.
5 Vous	5 trouver	5 le dinosaure	5 dans la rue.
6 Ils/Elles	6 regarder	6 le dragon	6 dans le jardin.

5 Une petite sœur difficile

a Lis la lettre, puis lis les phrases. **Vrai** ou **faux**?

Exemple: 1 *vrai*

1 Julie a des problèmes de famille.

2 Julie est fille unique.

3 Julie a une petite sœur.

4 Sophie a dix-sept ans.

5 Sophie et Julie partagent une chambre.

6 Julie porte les vêtements de Sophie.

7 Julie n'est pas contente de la situation.

b Complète le résumé.

Exemple: 1 *Julie a une petite sœur.*

1 Julie a une petite ___ .

2 ___ s'appelle Sophie.

3 Julie et Sophie partagent une ___ à la maison.

4 Sophie porte les ___ et les ___ de Julie.

5 Quand Julie ___ de la musique, Sophie chante et elle ___ .

6 Quand Julie ___ , Sophie parle beaucoup.

7 Quelquefois, Sophie arrive avec des amies et elles ___ dans la chambre.

> *Cher Alain,*
>
> *Tu n'es pas le seul. Moi aussi, j'ai des problèmes de famille. Mon problème, c'est ma petite sœur, Sophie. Elle a sept ans et elle partage ma chambre. Elle porte mes vêtements – elle adore mes pulls et mes chaussures! Elle joue avec mes affaires. Elle dessine sur mes cahiers.*
>
> *Quand j'écoute de la musique, elle chante et elle danse. Quand je travaille, elle parle tout le temps. Quand je reste dans ma chambre, elle reste là aussi. Quand je ne suis pas là, elle arrive avec beaucoup d'amies et elles jouent, toutes, dans la chambre. Quel désastre!*
>
> *Julie, Dieppe*

c Dani a une petite sœur difficile. Complète les phrases.

Exemple: 1 *Quand je travaille, ...*

1 Quand je ___ , elle ___ mes bonbons.

2 Elle ___ dans ma chambre.

3 Elle ___ sur mon cahier.

4 Elle ___ la télé. C'est impossible!

6 Ça dépend du temps

Complète les phrases.

Exemple: 1 *Quand il fait froid, je porte un pull ...*

1 Quand il fait froid, je ...

2 Quand il y a du soleil, je ...

3 Quand il neige, je ...

4 Quand il fait chaud, mes amis ...

5 Quand il pleut, nous ...

6 Quand il fait beau, nous ...

7 Mon journal de vacances

Pendant tes vacances (imaginaires), le temps est très variable. Choisis deux jours différents et décris le temps et une activité.

Exemple:

Lundi, il fait mauvais. Je reste à la maison et je range ma chambre.

unité 7   Au choix

1 La Rochelle – ville touristique

Complète avec un mot de la case.

Exemple: 1 *ville*

> aquarium   restaurants   musées
> magasins   port   tours   vélo   ville

Visitez la jolie (**1**) ___ de La Rochelle, avec son vieux (**2**) ___ et ses trois (**3**) ___ .

Si vous aimez le shopping, il y a beaucoup de (**4**) ___ dans le centre-ville. Si vous aimez manger du poisson, allez dans un des (**5**) ___ près du port. Prenez un (**6**) ___ pour circuler sans problème.

Visitez les (**7**) ___ intéressants et allez à l'(**8**)___ pour voir des poissons extraordinaires.

La vie est belle à La Rochelle!

2 Attention aux accents!

Complète les mots avec des voyelles et les accents.

Exemple: 1 *une cathédrale*

1 une c_th_dr_l_
2 un b_t_m_nt
3 un ch_t_ _ _
4 une _gl_s_

5 un h_p_t_l
6 un m_s_ _
7 un s_p_rm_rch_
8 un th_ _tr_

3 Quelle est la destination?

Complète les phrases et trouve le bon symbole.

Exemple: 1 *Ils vont au terrain de football.* B

1 Laure et Nicolas adorent jouer au football. Ils vont ...
2 Clément aime jouer au badminton. Il va ...
3 Julie et Chloé adorent le shopping. Elles vont ...
4 Camille aime les poissons et les animaux. Elle va ...
5 La famille Delarue va en train à Paris. Ils vont ...
6 Il y a un accident. L'ambulance va ...
7 Les touristes arrivent en ville. Pour des renseignements, ils vont ...
8 Thomas et Théo sont en vacances et cherchent un logement. Ils vont ...

4 Trouve des endroits en ville

Exemple: *la cathédrale, ...*

3 mots qui commencent avec 'c'
3 mots qui commencent avec 'm'
3 mots qui commencent avec des lettres différentes

3 mots qui commencent avec 'h'
3 mots qui commencent avec 'p'

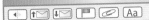

Salut,

Comment ça va? Pour moi, ça va bien. C'est bientôt les vacances de printemps.

Pendant les vacances, je vais souvent chez mes grands-parents à Saint-Malo. C'est un port dans le nord de la France. J'aime bien la ville.

Le centre-ville est historique avec de vieux bâtiments et des rues étroites. Il y a un château, un fort et des remparts. Il y a aussi des musées.

Saint-Malo, c'est super pour le sport, parce qu'il y a un grand centre sportif et une piscine olympique avec un toboggan géant. Comme c'est au bord de la mer, nous allons aussi à la plage.

Ma sœur Élodie adore le shopping. C'est bien pour elle parce qu'il y a beaucoup de magasins en ville.

En été il y a beaucoup de touristes à Saint-Malo. Le centre-ville est éclairé la nuit et c'est très joli.

Hugo

5 Un message

a Corrige les erreurs.

Exemple: 1 _C'est bientôt les vacances de printemps._

1 C'est bientôt les vacances de Noël.
2 Hugo et Élodie vont souvent à La Rochelle pendant les vacances.
3 Hugo trouve que c'est nul à Saint-Malo.
4 La sœur de Hugo s'appelle Sophie.
5 Élodie n'aime pas le shopping.
6 En hiver il y a beaucoup de touristes à Saint-Malo.

b Réponds aux questions.

Exemple: 1 _Il va à Saint-Malo._

1 Où va Hugo pendant les vacances?
2 Qu'est-ce qu'il pense de la ville?
3 Qu'est-ce qu'il y a pour les jeunes qui aiment le sport?
4 Élodie aime la ville, pourquoi?
5 Qu'est-ce qu'il y a pour les touristes?

c Écris un message à Hugo. Décris une ville que tu aimes bien.

éclairé _lit up, illuminated_

6 Tu comprends?

A La tour de la Lanterne

Autrefois, un phare et une prison. Sur les murs, des graffiti réalisés par des prisonniers.
Gratuit pour les moins de 18 ans.

B Musée Maritime

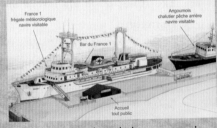

Bienvenue au musée flottant – le musée Maritime de La Rochelle.

Embarquez à bord de nos navires:
• France 1 (le navire de la météo)
• l'Angoumois (le bateau de pêche)

C Les vélos jaunes

Toute l'année : place de Verdun
Fermé les dimanches et jours fériés

D Le bus de mer

Une ligne régulière entre le vieux port et les Minimes (traversée de 15 à 20 mn)

Embarquement:
Vieux port côté tour de la Chaîne ou port des Minimes

1 The _tour de la Lanterne_ has served as a lighthouse and what else?
2 What can you see on the walls?
3 Entry is free for which group?
4 Where could you hire a yellow bike?
5 Is it open on Sundays?

6 Where would you go to catch the 'sea bus'?
7 How long is the journey?
8 Why is the Maritime Museum called _un musée flottant_?

1 Mlle Dupont

Voici Mlle Dupont. Elle travaille pour la poste. Elle distribue des lettres. Complète la description de sa journée.

Exemple: **1 À six heures, elle va à la poste ...**

2 Notre journée au collège

Mets les phrases dans le bon ordre.

Exemple: **d Je me lève à sept heures ...**

Le matin

a Nous arrivons au collège à huit heures vingt.

b Nous prenons le petit déjeuner à sept heures et quart.

c À midi, nous mangeons des sandwichs.

d Je me lève à sept heures.

e Les cours commencent à huit heures et demie.

f Ma sœur et moi, nous quittons la maison à huit heures.

L'après-midi et le soir

g À quatre heures, nous rentrons à la maison.

h Normalement, je commence mes devoirs à cinq heures.

i Entre quatre heures et cinq heures, je joue sur l'ordinateur ou je regarde la télé.

j Les cours terminent à quatre heures moins vingt.

k Le soir, nous mangeons à six heures.

l Je me couche à neuf heures moins le quart.

3 As-tu une bonne mémoire?

Tu te rappelles les conversations avec Karim dans 'Un nouvel élève', page 100? Maintenant, lis ces phrases sur Karim et corrige les erreurs.

Exemple: **1 Non, son sport préféré est le basket.**

1 Son sport préféré est le rugby.

2 Ses passe-temps préférés sont le sport et la musique.

3 Sa matière préférée, c'est les maths.

4 Son anniversaire est le huit janvier.

4 À la maison

Luc est bien organisé. Il fait vite ses devoirs, puis il aime faire autre chose.

Louise aime prendre son temps. Elle passe toute la soirée à faire ses devoirs.

a Complète les phrases avec **son**, **sa** ou **ses**.

Exemple: 1 *ses devoirs, ...*

b Quelles phrases décrivent Luc?

Exemple: 1, ...

1 L fait ___ devoirs dans ___ chambre (f).

2 ___ livres, ___ calculatrice (f) et ___ règle (f) sont sur la table.

3 L regarde ___ emploi du temps (m) et pense à ___ devoirs.

4 L cherche ___ cahier (m) et ___ livres de géographie dans ___ sac (m).

5 L ferme ___ cahier (m) et range ___ affaires.

6 L téléphone à ___ ami.

7 L cherche ___ stylo (m) et ___ crayons.

8 L met ___ jogging (m), ___ t-shirt (m) et ___ chaussures de football.

9 L met ___ ballon (m) de football dans ___ sac (m) de sports.

10 L commence ___ devoirs, mais où sont ___ gomme (f) et ___ taille-crayon (m)?

11 L prend ___ vélo (m) et va au parc.

12 L fait toujours ___ devoirs à neuf heures.

5 Une belle journée

Mangetout est un gros chat tigré. Il aime deux choses: manger et dormir. Regarde les images et réponds aux questions.

Exemple: 1 *Mangetout est dans la cuisine.*

> dormir   *to sleep*
> Il dort dans son panier.   *He sleeps in his basket.*
> il rêve   *he dreams*

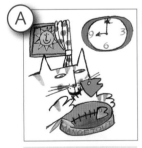
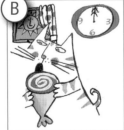

1 Où est Mangetout? (en ville/dans le jardin/dans la cuisine)

2 Quelle heure est-il?

3 Qu'est-ce qu'il fait?

4 Il est quelle heure?

5 Mangetout prend quel repas?

6 C'est le matin ou l'après-midi?

7 Mangetout, qu'est-ce qu'il fait?
(Il joue dans le jardin./Il dort dans son panier.)

8 C'est le matin ou le soir?

9 Quelle heure est-il?

10 Mangetout, qu'est-ce qu'il fait?

11 Il est quelle heure?

12 Mangetout, comment passe-t-il la nuit?
(Il mange./Il joue./Il dort et il rêve.)

1 Qu'est-ce que c'est?

Écris ces mots avec les voyelles.

Exemple: 1 *de la viande*

1 de la v_ _nd_
2 de l'_m_l_tt_
3 du p_ _l_t

4 des p_t_ts p_ _s
5 des p_mm_s d_ t_rr_
6 une b_n_n_

7 un y_ _ _rt
8 de l'_ _ _
9 du m_l_n

2 Un mélange

Trouve deux choses de chaque catégorie dans le bol.
Écris aussi **du**, **de la**, **de l'** ou **des**.

Exemple: 1 *du jambon, ...*

1 des hors-d'œuvre
2 des plats principaux

3 des légumes
4 des desserts

5 des boissons
6 des fruits

yaourts
vin pâté
oignons jambon
omelette eau
tartes aux fruits carottes
oranges viande
bananes

3 Le plat favori

Tous ces animaux aiment manger.
Complète les phrases avec le plat
favori de chaque animal.

Exemple: 1 *La souris mange*
du fromage.

1 La souris mange ...

2 L'oiseau mange ...

3 Le cheval mange ...

4 Le chien mange ...

5 Le perroquet mange ...

6 Le cochon d'Inde mange ...

7 Le chat mange ...

8 Le lapin mange ...

4 Le jeu de la carotte

Pour chaque réponse, il y a deux dessins qui représentent deux
mots possibles. Regarde les dessins, puis lis les phrases (1–7) à droite.
Choisis la bonne réponse.

Exemple: 1 *sucre (Ce n'est pas le beurre.)*

1 Ce n'est pas une chose qu'on mange avec le pain.

2 On ne mange pas ça comme entrée, on le mange après
le plat principal.

3 On ne fait pas ça avec des fruits, on le fait avec du lait.

4 Ce n'est pas un fruit.

5 On ne mange pas ces choses pour le petit déjeuner,
on les mange, quelquefois, après un repas. Mmm!
Ils sont délicieux!

6 Ce n'est pas un plat principal, mais on la mange,
quelquefois, avec le plat principal.

7 On ne boit pas ça, on la mange.

5 Mes repas

a Pour chaque repas (le petit déjeuner, le déjeuner et le dîner), écris quatre choses que tu prends – trois choses à manger et une à boire.

Exemple: *Au petit déjeuner, je prends du lait, un croissant, du beurre et de la confiture.*

b Pose des questions à ton/ta partenaire pour découvrir un de ses repas.

Exemple:

Au petit déjeuner, tu prends du café?

Non.

Tu prends un jus de fruit alors?

Oui, je prends un jus de fruit.

(etc.)

6 Les chiens et les chats

Met les mots dans le bon ordre.

Exemple: a1 *Les chats ne jouent pas avec les enfants.*

a Des personnes qui préfèrent les chiens critiquent les chats:

1 ne pas chats les jouent les avec enfants
2 ne pas chats sont les intelligents
3 ne pas chats mangent bien les
4 ne pas chats restent les à maison la
5 n' pas chats les aiment enfants les

b Des personnes qui préfèrent les chats critiquent les chiens:

1 ne pas chiens sont les indépendants
2 ne pas chiens intelligents les sont
3 ne pas chiens bien mangent les
4 ne pas chiens les respectent jardins les
5 n' pas chiens les aiment animaux les autres

7 On déjeune au Collège Missy

a Look at these menus for lunch at the Collège Missy in La Rochelle. Write down what you notice about the following:

1 the number of courses
2 the order of courses
3 the number of menus containing potatoes
4 the number of menus containing salad and/or vegetables
5 the day that has no menu (why is that?)

b Complète les phrases.

Exemple: 1 *une salade composée*

1 Lundi, pour commencer, on va manger …
2 Lundi, on va manger des … comme légumes.
3 Mardi, on va prendre du … comme plat principal. Et avec ça, des …
4 Comme dessert, il y a du yaourt. C'est quel jour? C'est …
5 Vendredi, on va manger une entrée chaude. C'est du …
6 Aujourd'hui, il n'y a pas de fromage. Alors, c'est …
7 Après le fromage, on prend souvent des …
8 Mardi, comme entrée, on va prendre du …

charcuterie   mixed cold meats

LUNDI
Salade composée
Poulet rôti
Haricots au beurre
Fromage
Tarte aux pommes

MARDI
Jambon
Filet de poisson
Lentilles
Salade
Yaourt

JEUDI
Charcuterie
Kebab d'agneau
Petits pois
Fromage
Mousse au chocolat

VENDREDI
Potage aux légumes
Steak haché
Pommes de terre
Fromage blanc
Fruits

 c Écoute. C'est quel jour?

Exemple: 1 *C'est jeudi.*

d Invente un menu pour le déjeuner au collège pour deux jours.

Exemple:

Lundi
Melon

Poisson
Haricots verts

1 Qu'est-ce qu'on fait?

Trouve la bonne réponse (a–h) à chaque question (1–8).

Exemple: 1b

1 Qu'est-ce que tu fais quand il fait beau?
2 Ta sœur, qu'est-ce qu'elle fait comme sport?
3 Les filles, qu'est-ce qu'elles font tous les week-ends?
4 Qu'est-ce qu'ils font, les garçons?
5 Qu'est-ce que je fais tous les samedis. Devine!
6 Clément, qu'est-ce qu'il fait?
7 Qu'est-ce que vous faites, le soir?
8 Quel temps fait-il?

a Ce n'est pas difficile. Tu fais du sport!
b Quand il fait beau, je fais de la voile.
c Elles font des courses en ville.
d Il fait beau, mais il fait un peu froid.
e Il fait une promenade en VTT avec ses amis.
f Ils jouent au football ou ils font du skate.
g Elle fait de la natation.
h Nous faisons nos devoirs, mais pas le week-end!

2 Mes loisirs

a Complète le message avec les mots de la case.

Exemple: 1 *ville*

> fais   flûte   lecture   livres
> natation   piscine   super
> surfe   ville   football

b Copie le texte et change six détails ou plus.

Exemple: *J'habite dans une petite grande ville.*

c'est dommage *it's a shame/it's a pity*

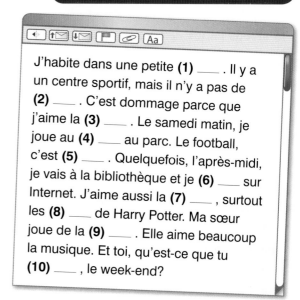

J'habite dans une petite **(1)** ____ . Il y a un centre sportif, mais il n'y a pas de **(2)** ____ . C'est dommage parce que j'aime la **(3)** ____ . Le samedi matin, je joue au **(4)** ____ au parc. Le football, c'est **(5)** ____ . Quelquefois, l'après-midi, je vais à la bibliothèque et je **(6)** ____ sur Internet. J'aime aussi la **(7)** ____ , surtout les **(8)** ____ de Harry Potter. Ma sœur joue de la **(9)** ____ . Elle aime beaucoup la musique. Et toi, qu'est-ce que tu **(10)** ____ , le week-end?

3 Dans le bon ordre

Copie les mots dans le bon ordre.

Exemple: 1 *Mercredi dernier, j'ai joué aux cartes avec mes amis.*

1 avec mes amis   j'ai joué   Mercredi dernier,   aux cartes

2 de la danse   j'ai fait   au club des jeunes   Samedi dernier,

3 j'ai fait   Dimanche dernier,   avec mon chien   une promenade

4 Mercredi après-midi,   avec ma grand-mère   aux échecs   j'ai joué

5 au centre sportif   j'ai fait   Jeudi soir,   du judo

6 au parc   Mardi matin,   du vélo   j'ai fait

7 j'ai joué   dans un concert   du violon   Vendredi dernier,

8 au tennis   j'ai joué   dans un match   Lundi dernier,

4 C'est quand?

 Écoute et choisis l'heure correcte.

Exemple: 1b

(1) Le film commence à …
a 20h05
b 20h15
c 21h15

(2) Le match commence à …
a 04h30
b 14h20
c 14h30

(3) Le spectacle finit à …
a 21h30
b 22h00
c 22h30

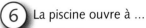

(4) Le concert commence à …
a 20h45
b 24h05
c 20h30

(5) La patinoire ferme à …
a 20h30
b 21h00
c 22h00

(6) La piscine ouvre à …
a 14h00
b 04h00
c 14h15

5 Des cartes postales

(1)

J'ai passé un très bon week-end. Je suis allé à La Rochelle avec mon club de sport. Samedi, j'ai fait de la voile. Dimanche, je suis allé à l'Aquarium. J'adore les poissons.

Thomas

(2)

Pour mon anniversaire, je suis allée au Parc Astérix avec mon frère et ma mère. J'ai fait beaucoup de tours et j'ai regardé un spectacle très amusant avec Astérix et Obélix. Vraiment cool!
Amitiés,

Léa

(3)

Le week-end dernier, je suis allé à la ferme de mes cousins. Samedi matin, j'ai fait de l'équitation, j'adore ça. L'après-midi, je suis allé au village et le soir, j'ai regardé un DVD à la maison. Dimanche, j'ai joué au football avec mes cousins.

Hugo

(4)

Je suis allée à la plage avec mes amis. Le matin, j'ai fait de la planche à voile. À midi, j'ai fait un pique-nique, puis j'ai mangé une énorme glace au chocolat – mmm – un repas délicieux!

Sophie

a Tu comprends?

Exemple: 1 *La Rochelle*

1 Which town did Thomas go to?
2 What did he do there?
3 What was his opinion of the weekend?
4 What did Léa do for her birthday?
5 What was her impression?
6 Mention three things that Hugo did last weekend.
7 What did Sophie do at lunchtime?
8 What did she eat?

b Comment ça se dit en français?

Exemple: 1 *le week-end dernier*

1 last weekend
2 Saturday morning
3 in the afternoon
4 on Sunday
5 I went sailing.
6 I went to the village.
7 I played football.
8 I ate a huge ice cream.

Grammaire

1 Nouns and articles

A noun is the name of someone or something or the word for a thing, e.g. Melanie, Mr James, a book, a pen, work.

The definite article is the word for 'the' (*le, la, l', les*) used with a noun, when referring to a particular person or thing.

The indefinite article is the word for 'a', 'an', 'some' (*un, une, des*) used with a noun.

In French, the article indicates whether the noun is masculine (*le, un*), feminine (*la, une*) or plural (*les, des*). Articles are often missed out in English, but not in French.

1.1 Masculine and feminine

All nouns in French are either masculine or feminine.

masculine singular	feminine singular
le garçon	*la* fille
un village	*une* ville
before a vowel	
*l'*appartement	*l'*épicerie

Nouns which refer to people often have a special feminine form, which usually ends in *-e*.

masculine	feminine
un ami	une ami**e**
un Français	une Français**e**
un client	une clien**te**

But sometimes there is no special feminine form.

masculine	feminine
un touriste	une touriste
un élève	une élève
un enfant	une enfant

1.2 Is it masculine or feminine?

Sometimes the ending of a word can give you a clue as to whether it's masculine or feminine. Here are some guidelines:

endings normally masculine	exceptions	endings normally feminine	exceptions
-age	une image	-ade	
-aire		-ance	
-é		-ation	
-eau	l'eau (f)	-ée	un lycée
-eur		-ère	
-ier		-erie	
-in	la fin	-ette	
-ing		-que	le plastique
-isme			un moustique
-ment			un kiosque
-o	la météo	-rice	
		-sse	
		-ure	

1.3 Singular and plural

Nouns can be singular (referring to just one thing or person) or plural (referring to more than one thing or person):

un chien a dog   *des chien**s*** dogs

Most nouns form the plural by adding an *-s*. This is not usually sounded, so the word may sound the same when you hear or say it.

The words *le, la* and *l'* become *les* in the plural and this does sound different. The words *un* and *une* become *des*.

singular	plural
le chat	**les** chats
la maison	**les** maisons
l'ami	**les** amis
un livre	**des** livres
une table	**des** tables

However, a few words have a plural ending in *-x*. This is not sounded either.

singular	plural
un cadeau	**des** cadeaux
un oiseau	**des** oiseaux
un jeu	**des** jeux
un chou	**des** choux

Nouns which already end in *-s*, *-x* or *-z* don't change in the plural.

singular	plural
un repas	**des** repas
le prix	**les** prix

1.4 Some or any (the partitive article)

The word for 'some' or 'any' changes according to the noun it is used with.

singular			plural
masculine	feminine	before a vowel	(all forms)
du pain	de la viande	de l'eau	des poires

To say 'isn't a, isn't any' and 'not a, not any' use *ne ... pas de*.

Il n'y a pas de piscine.	There isn't a swimming pool.
Je n'ai pas d'argent.	I haven't any money.
Il n'y a pas de fraises.	There aren't any strawberries.
Je n'ai pas de frères.	I haven't any brothers.

2 Adjectives

An adjective is a word which tells you more about a noun.

In French, adjectives agree with the noun, which means that they are masculine, feminine, singular or plural to match the noun.

Look at the patterns in the tables below to see how adjectives agree.

2.1 Regular adjectives

singular		plural	
masculine	feminine	masculine	feminine

Many adjectives follow this pattern.

masculine	feminine	masculine	feminine
grand	grande	grands	grandes
intelligent	intelligente	intelligents	intelligentes
petit	petite	petits	petites

Adjectives which end in *-u*, *-i* or *-é* follow this pattern, but although the spelling changes, they don't sound any different when you say them:

bleu	*bleue*	*bleus*	*bleues*
joli	*jolie*	*jolis*	*jolies*

Adjectives which already end in *-e* (with no accent) have no different feminine form:

jaune	*jaune*	*jaunes*	*jaunes*
mince	*mince*	*minces*	*minces*

Adjectives which already end in *-s* have no different masculine plural form:

français	*française*	*français*	*françaises*

Adjectives which end in *-er* follow this pattern:

cher	*chère*	*chers*	*chères*

Adjectives which end in *-eux* follow this pattern:

délicieux	*délicieuse*	*délicieux*	*délicieuses*

Some adjectives double the last letter before adding an *-e* for the feminine form:

mignon	*mignonne*	*mignons*	*mignonnes*
gros	*grosse*	*gros*	*grosses*
bon	*bonne*	*bons*	*bonnes*

2.2 Irregular adjectives

Many common adjectives are irregular, and you need to learn each one separately. Here are two common ones:

blanc	*blanche*	*blancs*	*blanches*
long	*longue*	*longs*	*longues*

A few adjectives do not change at all:

marron	*marron*	*marron*	*marron*

Words like this are known as 'invariable'.

2.3 Word order

In most cases adjectives and words which describe nouns follow the noun. This is different from English.

un film très intéressant	a very interesting film
un sport dangereux	a dangerous sport

All colours and nationalities go after the noun.

un pantalon gris	grey trousers
mon correspondant français	my French penfriend

However, some common adjectives, like *grand*, *petit*, *bon*, *beau* (*belle*) do come in front of the noun.

un grand bâtiment	a large building
un petit chat	a little cat
un bon repas	a good meal
une belle ville	a beautiful city

3 Pronouns

3.1 Subject pronouns

Subject pronouns are pronouns like 'I', 'you', etc. which usually come before the verb.

In French, the subject pronouns are:

je	I
tu	you (to a young person, close friend, relative, animal)
il	he, it
elle	she, it
on	one, you, we, they, people in general
nous	we
vous	you (plural; to one adult you don't know well)
ils	they (masculine or mixed group)
elles	they (feminine group)

Claire n'est pas à la maison. **Elle** *est au cinéma.*	Claire isn't at home. **She's** at the cinema.
Son père est anglais, mais **il** *travaille en France.*	Her father is English but **he** works in France.

3.2 *moi* (me), *toi* (you)

These words are used to add emphasis and after prepositions.

Moi, *je préfère le badminton au tennis.*	**Me,** I prefer badminton to tennis.
Et **toi**, *qu'est-ce que tu aimes comme sport?*	And what sports do **you** like?
Ma sœur et moi, nous aimons jouer au tennis au parc.	My sister and I like playing tennis in the park.
Tu as ta raquette avec toi?	Do you have your racket with you?
Je passe chez toi samedi matin.	I'll come to your house on Saturday morning.

4 Possession

4.1 Possessive adjectives

Possessive adjectives are words like 'my', 'your', 'his', 'her', 'its', 'our', 'their'. They show who something belongs to. In French, the possessive adjective agrees with the noun that follows (the possession) and not with the owner. Be careful when using *son*, *sa* and *ses*.

Sa mère can mean his mother, her mother or its mother, depending on the context.

	singular			plural
	masculine	feminine	before a vowel	(all forms)
my	*mon*	*ma*	*mon*	*mes*
your	*ton*	*ta*	*ton*	*tes*
his/her/its	*son*	*sa*	*son*	*ses*
our	*notre*	*notre*	*notre*	*nos*
your	*votre*	*votre*	*votre*	*vos*
their	*leur*	*leur*	*leur*	*leurs*

Son, *sa*, *ses* can mean 'his', 'her' or 'its'. The meaning is usually clear from the context.

Paul mange son déjeuner.	Paul is eating his lunch.
Marie mange son déjeuner.	Marie is eating her lunch.
Le chien mange son déjeuner.	The dog is eating its lunch.

Before a feminine noun beginning with a vowel, you use *mon*, *ton* or *son*:

Mon amie s'appelle Nicole.	My (girl)friend is called Nicole.
Où habite ton amie Anne?	Where does your friend Anne live?
Son école est fermée aujourd'hui.	His/Her school is closed today.

Grammaire

4.2 *de* + noun

There is no use of apostrophe 's' in French, so to say Lucie's bag or Marc's book, you have to use *de* + the name of the owner.

C'est le sac de Lucie.	It's Lucie's bag.
C'est le cahier de Marc.	It's Marc's exercise book.

If you don't use a person's name, you have to use the correct form of *de*.

C'est le livre du professeur.	It's the teacher's book.
C'est la voiture de la famille française.	It's the French family's car.
Il est dans la salle des profs.	He is in the staffroom.

4.3 *à* + name

Another way of saying who something belongs to is to use *à* + the name of the owner or an emphatic pronoun (*moi, toi*, etc.).

C'est à qui, ce livre?	Whose book is this?
C'est à toi?	Is it yours?
Non, c'est à Jean-Pierre.	No, it's Jean-Pierre's.
Ah oui, c'est à moi.	Oh yes, it's mine.

5 Prepositions

A preposition is a word like 'to', 'at' or 'from'. It often tells you where a person or thing is located.

5.1 *à* (to, at)

The word *à* can mean 'to' or 'at'. When it is used with *le, la, l'* and *les* to mean 'to the …' or 'at the …', it takes the following forms:

singular			plural
masculine	feminine	before a vowel	(all forms)
au parc	*à la piscine*	*à l'épicerie* *à l'hôtel*	*aux magasins*

On va au parc?	Shall we go to the park?
Luc va à la piscine.	Luc is going to the pool.
Ma mère va à l'hôtel.	My mother's going to the hotel.
Moi, je vais aux magasins.	I'm going to the shops.

The word *à* can be used on its own with nouns which do not have an article (*le, la, les*):

Il va à Paris.	He is going to Paris.

5.2 *de* (of, from)

The word *de* can mean 'of' or 'from'. When it is used with *le, la, l'* and *les* to mean 'of the …' or 'from the …', it takes the same forms as when it means 'some' or 'any' (see section 1.4):

singular			plural
masculine	feminine	before a vowel	(all forms)
du parc	*de la piscine*	*de l'épicerie* *de l'hôtel*	*des magasins*

The word *de* is often used together with other words, e.g. *en face de* (opposite), *à côté de* (next to), *près de* (near).

La poste est en face des magasins.	The post office is opposite the shops.
La banque est à côté de l'hôtel.	The bank is next to the hotel.
La piscine est près du camping.	The swimming pool is near the campsite.

The word *de* can be used on its own with nouns which do not have an article (*le, la, les*):

Il arrive de Paris aujourd'hui.	He is arriving from Paris today.

5.3 *en* (by, in, to, made of)

En is used with most means of transport:

en autobus	by bus
en voiture	by car

You use *en* with dates, months and seasons (except *le printemps*):

en 1900	in 1900
en janvier	in January
en hiver	in winter (but *au printemps* – in spring)

En is used to say what something is made of:

des bracelets en métal	metal bracelets

5.4 *chez* (to, at the house of)

Rendez-vous chez moi à six heures.	Let's meet at 6.00 at my house.
On va chez mes grands-parents pendant les vacances.	We go to my grandparents' during the holidays.
Elle est chez Sophie.	She's at Sophie's house.

5.5 *pour* (for, in order to)

Pour mon anniversaire, j'ai reçu beaucoup de cadeaux.	For my birthday, I received lots of presents.
Il va au parc pour jouer au foot.	He's going to the park (in order) to play football.

5.6 *pendant* (during)

Qu'est-ce que tu fais pendant les vacances?	What do you do during the holidays?

5.7 *avec* (with); *sans* (without)

Je joue au tennis avec mes amis.	I play tennis with my friends.
Je vais prendre du poisson, mais sans sauce.	I'll have the fish but without the sauce.

5.8 Other prepositions

à côté de	beside	*entre*	between
dans	in	*loin de*	far from
derrière	behind	*près de*	near to
devant	in front of	*sur*	on
en face de	opposite	*sous*	underneath, below

La poste est à côté de la banque.	The post office is next to the bank.
La piscine est en face du parc.	The pool is opposite the park.
L'auberge de jeunesse est assez loin de la gare.	The youth hostel is quite a long way from the station.
Mon village est près de Dieppe.	My village is near Dieppe.

6 Time, numbers and dates

6.1 Time

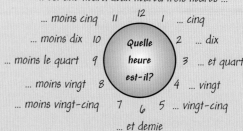

12:00	*Il est midi.* *Il est minuit.*	12:30	*Il est midi et demi.* *Il est minuit et demi.*

6.2 24-hour clock

The 24-hour clock is used widely in France for times of events, bus and train timetables, etc.

Le train part à treize heures quinze.	The train leaves at 13.15. (1.15pm)
Le concert commence à vingt heures trente.	The concert begins at 20.30. (8.30pm)

6.3 Numbers

0	zéro	30	trente
1	un	31	trente et un
2	deux	40	quarante
3	trois	41	quarante et un
4	quatre	50	cinquante
5	cinq	51	cinquante et un
6	six	60	soixante
7	sept	61	soixante et un
8	huit	70	soixante-dix
9	neuf	71	soixante et onze
10	dix	72	soixante-douze
11	onze	80	quatre-vingts
12	douze	81	quatre-vingt-un
13	treize	82	quatre-vingt-deux
14	quatorze	90	quatre-vingt-dix
15	quinze	91	quatre-vingt-onze
16	seize	100	cent
17	dix-sept	200	deux cents
18	dix-huit	720	sept cent vingt
19	dix-neuf	1000	mille
20	vingt	2012	deux mille douze
21	vingt et un	premier (première)	first
22	vingt-deux	deuxième	second
23	vingt-trois	troisième	third

6.4 Days of the week

lundi	Monday	vendredi	Friday
mardi	Tuesday	samedi	Saturday
mercredi	Wednesday	dimanche	Sunday
jeudi	Thursday		

6.5 Months of the year

janvier	January	juillet	July
février	February	août	August
mars	March	septembre	September
avril	April	octobre	October
mai	May	novembre	November
juin	June	décembre	December

6.6 The date

Le premier mai, c'est une fête en France.	1st May is a holiday in France.
Mon anniversaire est le 2 septembre.	My birthday is on 2nd September.

6.7 in, on, at + days/time of day

There is no word for 'in' or 'on' or 'at' in the following expressions:

Le lundi, je vais à la piscine.	On Mondays I go to the swimming pool.
Qu'est-ce que tu fais le soir?	What do you do in the evenings?
Le week-end, je fais beaucoup de sport.	At the weekend I do a lot of sport.

7 The negative

To say what is **not** happening or **doesn't** happen (in other words to make a sentence negative), you put ne (n' before a vowel) and pas round the verb.

Il n'y a **pas** de cinéma.	There is no cinema.
Je **ne** joue **pas** au badminton.	I don't play badminton.
N'oublie **pas** ton argent.	Don't forget your money.
Il n'aime **pas** le football.	He doesn't like football.
Elle **ne** mange **pas** de viande.	She doesn't eat meat.

Remember to use de after the negative instead of du, de la, des, un, or une, (except with the verb être):

– Avez-vous du lait?	Have you any milk?
– Non, il n'y a pas de lait.	No, there isn't any milk.

8 Questions

8.1 Question words

Qui est-ce?	Who is it?
Quand arrivez-vous?	When are you arriving?
Comment est-il?	What is it/he like?
Comment ça va?	How are you?
Il y a combien d'élèves dans votre classe?	How many pupils are there in your class?
Qu'est-ce que c'est?	What is it?
C'est à quelle heure, le concert?	What time is the concert?
Où est le chat?	Where's the cat?
Qu'est-ce qu'il y a à la télé?	What's on TV?
De quelle couleur est ton sac?	What colour is your bag?
Quel temps fait-il?	What's the weather like?
Pourquoi?	Why?

8.2 Asking questions

There are several ways of asking a question in French.

- You can just raise your voice in a questioning way:

Tu as des frères et sœurs?	Do you have brothers and sisters?

- You can add Est-ce que ... to the beginning of the sentence:

Est-ce que tu as un animal?	Do you have a pet?

- You can turn the verb around:

Avez-vous des idées?	Do you have any ideas?
Jouez-vous au badminton?	Do you play badminton?

- You can use Qu'est-ce que (qu') ... ? meaning 'What ... ?'.

Qu'est-ce qu'il fait?	What is he doing?
Qu'est-ce que tu prends au petit déjeuner?	What do you have for breakfast?
Qu'est-ce que tu aimes comme musique?	What kind of music do you like?

- You can use a question word, e.g.

Combien (de)?	How much? How many?
Comment?	How?
Où?	Where?
Pourquoi?	Why?
Quand?	When?
Qui?	Who?

- The word quel (which ..., what ...) changes its form, like an adjective:

Quel temps fait-il?	What's the weather like?
Quelle heure est-il?	What time is it?
Quels sont tes sports préférés?	What are your favourite sports?
Quelles matières préférez-vous?	Which school subjects do you prefer?

Grammaire

8.3 *Pourquoi? Parce que ...*

The question *Pourquoi?* (Why?) is often answered by the phrase *parce que (qu')* ... (because).

Tu n'aimes pas l'anglais. Pourquoi?	You don't like English. Why?
Parce que c'est ennuyeux.	Because it's boring.
Parce que le prof est très sévère.	Because the teacher is very strict.
Ton frère ne va pas au match. Pourquoi?	Your brother isn't going to the match. Why?
Parce qu'il a beaucoup de travail.	Because he has a lot of work.

9 Conjunctions

Conjunctions (a type of connective) link two parts of a sentence and enable you to write more complex sentences.

et	and		*où*	where
mais	but		*quand*	when
ou	or		*comme*	as
parce que (qu')	because			

Quand nous n'avons pas école, ma sœur reste au lit jusqu'à onze heures ou même midi.	When we don't have school, my sister stays in bed until 11.00 or even midday.
Moi, je mange bien et je bois du lait.	I eat well and I drink milk.
Mon frère ne mange pas de légumes, mais il adore le chocolat et les gâteaux.	My brother doesn't eat vegetables, but he loves chocolate and cakes.
Qu'est-ce que tu fais comme sports?	What sports do you do?
La banque où mon père travaille est près d'ici.	The bank, where my father works, is near here.

10 Adverbs

Adverbs are words which add more meaning to verbs. They usually tell you how, when, how often or where something happened or how much something is done.

There are different kinds of adverbs:

Adverbs of time:

aujourd'hui	today	*ensuite*	then, next
ce matin	this morning	*après*	after(wards)
bientôt	soon	*plus tard*	later
maintenant	now	*finalement*	finally
d'abord	first of all	*demain*	tomorrow
puis	next		

Adverbs of frequency:

de temps en temps	from time to time
normalement	normally
quelquefois	sometimes
souvent	often

Adverbs of place:

ici	here	*à gauche (de)*	to the left (of)
là-bas	over there	*à droite (de)*	to the right (of)
loin	far	*en face (de)*	opposite
près (de)	near (to)	*tout près*	nearby

Adverbs of manner:

bien	well	*mal*	badly
lentement	slowly	*vite*	quickly

Adverbs of degree:

These are sometimes called qualifiers or intensifiers and tell you more about another adverb.

assez	quite		*plus*	more
beaucoup	a lot, much		*très*	very

*Je joue **assez souvent** au tennis.*	I play tennis **quite often**.
*Parlez **plus lentement**, s'il vous plaît.*	Speak **more** slowly, please.
*Il fait **très** froid ici en hiver.*	It's **very** cold here in winter.

11 Verbs

Most verbs describe what people or things are doing or what is happening.

Je regarde un film.	I am watching a film.
Je passe le week-end chez ma grand-mère.	I'm spending the weekend at my grandma's.

11.1 Infinitive

This is the form of the verb which you would find in a dictionary. It means 'to ...', e.g. *parler* – to speak. The infinitive never changes its form. From the infinitive, you have to choose the correct part of the verb to go with the subject (*je, tu, Hugo, les élèves*, etc.).

Verbs are often set out in a special way (known as a **paradigm**) in verb tables and grammar books (see page 163).

11.2 Tense

The **tense** of the verb tells you when something happens, is happening, is going to happen or has happened. In Stage 1, you have mainly used the present tense, but you have also used some examples of the future (*aller* + infinitive) and the past tense (*j'ai joué, j'ai fait*). You will learn more about different tenses in Stage 2.

11.3 The present tense

The present tense describes what is happening now, at the present time or what happens regularly.

There is only one present tense in French. It is used to translate 'I speak', 'I'm speaking' and 'I do speak'.

Je travaille ce matin.	I am working this morning.
Elle joue au tennis le samedi.	She plays tennis on Saturdays.
Il parle anglais.	He does speak English.

11.4 Some regular *-er* verbs

All regular *-er* verbs, including the verbs listed below, follow the same pattern as *parler*.

adorer	to love, adore
aimer	to like, love
arriver	to arrive
chercher	to look for
cliquer	to click
détester	to hate
écouter	to listen to
entrer	to enter
habiter	to live in
jouer	to play
penser	to think
regarder	to watch, look at
rentrer	to come back
rester	to stay
surfer	to surf
taper	to type
téléphoner	to phone
travailler	to work

A regular -er verb

The part of the verb which stays the same is called the **stem** – in this case *parl-*.

Each pronoun (*je, tu, il*, etc. – the person of the verb) has its own matching ending, e.g. *nous parlons, ils parlent*.

Most of the endings of *-er* verbs sound the same or are silent, although they are not spelt the same. Only these two *sound* different.

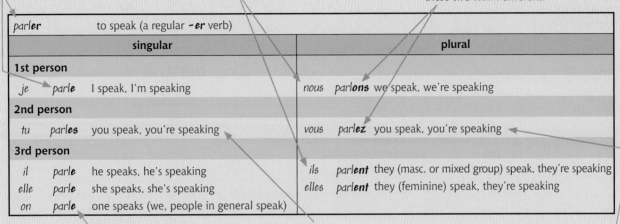

parler	to speak (a regular -er verb)		
singular		**plural**	
1st person			
je	parle — I speak, I'm speaking	nous parlons	we speak, we're speaking
2nd person			
tu	parles — you speak, you're speaking	vous parlez	you speak, you're speaking
3rd person			
il	parle — he speaks, he's speaking	ils parlent	they (masc. or mixed group) speak, they're speaking
elle	parle — she speaks, she's speaking	elles parlent	they (feminine) speak, they're speaking
on	parle — one speaks (we, people in general speak)		

The bit that changes is called the *ending*, e.g. *-er, -e* and all the parts in bold type in this box.

Use *tu* for
• a friend,
• a close relative,
• someone of the same age or younger,
• an animal.

Use *vous* for
• two or more people,
• an older person.

11.5 Slightly irregular -er verbs

Some verbs are only slightly different.

The second accent on *préférer* changes to a grave accent in the singular and in the 3rd person plural.

préférer	je préfère	nous préférons
(to prefer)	tu préfères	vous préférez
	il/elle/on préfère	ils/elles préfèrent

Verbs like *manger, ranger* and *partager* have an extra *-e-* in the *nous* form. This is to make the 'g' sound soft, as in *géographie*.

manger	je mange	nous mangeons
(to eat)	tu manges	vous mangez
	il/elle/on mange	ils/elles mangent

In *commencer*, the *nous* form has a ç ('c' cedilla) to make the 'c' sound 'soft' (as in *centre*) rather than 'hard' (as in *combien*).

commencer	je commence	nous commençons
(to begin)	tu commences	vous commencez
	il/elle/on commence	ils/elles commencent

Another verb that follows this pattern is *lancer* – to throw.

This rhyme might help you remember the rule:

    Soft is c
    before i and e
    and so is g

11.6 Reflexive verbs

Reflexive verbs are used with a reflexive pronoun (myself, yourself, himself, herself) and often have the meaning of doing something to oneself, e.g. *je m'appelle* (I call myself). They are listed in a dictionary with the reflexive pronoun *se* in front of the infinitive, e.g. *se lever* – to get up. You will learn more about reflexive verbs later in the course.

Here are some examples, which occur in this book.

Je me lève.	I get (myself) up.
Je me couche.	I go to bed. (lit. I lay myself down.)
Comment tu t'appelles?/	What's your name? (lit. What
Comment t'appelles-tu?	do you call yourself?)
Lève-toi!	Stand up!
Il s'appelle Marc.	He's called Marc.
Elle s'appelle Sophie.	She's called Sophie.

11.7 Imperative

To tell someone to do something, you use the imperative or command form of the verb. This form is used for instructions in the Students' Book and for classroom instructions. Here are some examples.

The *tu* form is used when the instruction is for an individual student. With *-er* verbs, the pronoun *tu* and the final *-s* on the verb are omitted.

Écoute la conversation.	Listen to the conversation.
Complète les phrases.	Complete the sentences.
Copie la liste.	Copy the list.

With other verbs, the final *-s* is not dropped.

Écris la bonne lettre.	Write the correct letter.
Lis le texte.	Read the text.

When a teacher talks to two or more students, the *vous* form is used. The pronoun *vous* is omitted, but the verb remains exactly the same.

Travaillez à deux.	Work in pairs.
Rangez vos affaires.	Put your things away.

Grammaire

11.8 *aller* + infinitive

You can use the present tense of the verb *aller* followed by an infinitive to talk about the future and describe what you are going to do.

Qu'est-ce que vous allez faire ce week-end?	What are you going to do this weekend?
Je vais passer le week-end à Paris.	I'm going to spend the weekend in Paris.

11.9 The past tense

The perfect tense is used to talk about what happened in the past (last weekend, last year, etc.). It is made up of two parts.

French	English

Most verbs form the perfect tense using part of the verb *avoir*.

past	*j'ai joué*	I played, I have played
	j'ai fait	I did, I have done

Some verbs form the past tense using part of the verb *être*.

	*je suis allé(e)**	I went

* add an *-e* for a girl or a woman

Qu'est-ce que tu as fait samedi dernier?	What did you do last Saturday?
J'ai joué au foot au parc.	I played football in the park.
Tu as passé un bon week-end?	Did you have a good weekend?
Oui, je suis allé(e) au cinéma.	Yes, I went to the cinema.

You will learn more about the past tense in Stage 2.

11.10 Uses of *avoir*

In French, *avoir* is used for certain expressions where the verb 'to be' is used in English.

J'ai quatorze ans.	I'm fourteen.
Tu as quel âge?	How old are you?

Two common expressions with *avoir* are:

il y a	there is, there are
il n'y a pas	there isn't, there aren't

11.11 Uses of *faire*

The verb *faire* is used with weather phrases.

Il fait beau.	The weather's fine.
Il fait froid.	It's cold.

It is also used to describe some activities and sports.

faire des courses	to go shopping
faire de la voile	to go sailing
faire de l'équitation	to go horse-riding

11.12 Verb + infinitive

Sometimes a verb is used with the infinitive of a second verb.

Est-ce que tu aimes écouter de la musique?	Do you like listening to music?
Oui, mais je préfère faire du sport.	Yes, but I prefer doing sport.
Moi, je déteste jouer au hockey.	Me, I hate playing hockey.
J'adore utiliser l'ordinateur.	I love using the computer.

11.13 Irregular verbs

aller – to go

je vais	*nous allons*
tu vas	*vous allez*
il va	*ils vont*
elle va	*elles vont*
on va	

avoir – to have

j'ai	*nous avons*
tu as	*vous avez*
il a	*ils ont*
elle a	*elles ont*
on a	

dire – to say

je dis	*nous disons*
tu dis	*vous dites*
il dit	*ils disent*
elle dit	*elles disent*
on dit	

écrire – to write

j'écris	*nous écrivons*
tu écris	*vous écrivez*
il écrit	*ils écrivent*
elle écrit	*elles écrivent*
on écrit	

être – to be

je suis	*nous sommes*
tu es	*vous êtes*
il est	*ils sont*
elle est	*elles sont*
on est	

faire – to do, make

je fais	*nous faisons*
tu fais	*vous faites*
il fait	*ils font*
elle fait	*elles font*
on fait	

mettre – to put

je mets	*nous mettons*
tu mets	*vous mettez*
il met	*ils mettent*
elle met	*elles mettent*
on met	

prendre – to take

je prends	*nous prenons*
tu prends	*vous prenez*
il prend	*ils prennent*
elle prend	*elles prennent*
on prend	

Français – anglais

A

il/ elle **a** he/she has (from **avoir** see p.55)
à (au, à la, aux) in, at, to (see p.82)
d' **abord** first, at first
un **abricot** apricot
absent absent, not there
d' **accord** okay, agreed, all right
être d'accord to be in agreement
acheter to buy
une **activité** activity
adorer to adore, love
une **adresse** address
les **affaires (f pl)** things, belongings
une **affiche** poster
l' **agneau (m)** lamb
agréable pleasant
j' **ai** I have (from **avoir** see p.55)
j'ai … ans I am … years old
aider to help
aigre sour, bitter
aimer to like
il/elle a l' **air** he/she seems
ajouter to add
alcoolisé(e) alcoholic (drink)
l' **Allemagne (f)** Germany
aller to go
aller à la pêche to go fishing
allez! come on! (from **aller**)
allumer to light, switch on
alors so, therefore, well
un(e) **ami(e)** friend
amitiés (at end of letter) best wishes
amusant amusing, enjoyable, fun
amuse-toi bien! have a good time!
un **an** year
un **ananas** pineapple
un **âne** donkey
anglais English
l' **Angleterre (f)** England
un **animal (pl des animaux)** animal
une **année** year
un **anniversaire** birthday
bon anniversaire! happy birthday
une **annonce** advert
un **anorak** anorak
août August
à l' **appareil** on the phone, speaking
un **appareil électrique** electric appliance
un **appareil-photo** camera
un **appartement** flat
je m' **appelle …** my name is …
il/elle s' **appelle** his/her name is … (from **s'appeler**)
apprendre to learn
après after(wards)
l' **après-midi (m)** (in the) afternoon(s)
un **aquarium** aquarium
un **arbre** tree
à **arcades** with arcades
l' **argent (m)** money
un **arrêt d'autobus** bus stop
il/elle s' **arrête** (it) stops (from **s'arrêter**)
l' **arrivée (f)** arrival
arriver to arrive
tu **as** you have (from **avoir** see p.55)
asseyez-vous sit down
assez quite, enough
assieds-toi (là)! sit down (there)!
une **assiette** plate
assis seated, sitting
l' **athlétisme (m)** athletics
attendre to wait (for)
attentivement attentively
au in, at, to (see p.82)
une **auberge** inn
une **auberge de jeunesse** youth hostel
au revoir goodbye
aujourd'hui today
aussi also, as well
un **autobus** bus
en autobus by bus
l' **automne (m)** autumn
en automne in autumn
autre other
avancez go forward (from **avancer**)
avant before
avec with
vous **avez** you have (from **avoir** see p.55)
avez-vous … ? have you … ?

B

un **avion** plane
par/en avion by plane
avoir to have (see p.55)
avril April

le **babyfoot** table football
le **badminton** badminton
une **baguette** long French loaf
un **bal** dance
un **baladeur** personal music player
un **balcon** balcony
une **balle** (small) ball
un **ballon (de football)** (foot)ball
une **banane** banana
une **bande dessinée (BD)** comic strip book
une **banque** bank
une **barbe** beard
le **basket** basketball
les **baskets (f pl)** trainers
un **bateau** boat
un **bâtiment** building
un **bâton** stick
la **batterie** drums, percussion
une **BD (bande dessinée)** comic strip book
beau (f belle, before vowel **bel)** beautiful
il fait beau the weather's fine
un **beau-frère** brother-in-law
un **beau-père** stepfather
beaucoup a lot, very much
beaucoup de many
pas beaucoup not much
la **Belgique** Belgium
une **belle-sœur** sister-in-law
une **belle-mère** stepmother
un **besoin** need
bête silly
le **beurre** butter
une **bibliothèque** library
un **bic** biro
bien fine, well
c'est très bien it's (that's) fine
ce n'est pas bien that's no good
bien sûr of course
bientôt soon
à bientôt see you soon
un **billet** ticket, bank-note
une **biscotte** toast-like biscuit
un **biscuit** biscuit
blanc (f blanche) white
le **blanc d'œuf** egg white
bleu blue
bleu marine navy blue
blond blonde
une **boisson** drink
des boissons froides cold drinks
des boissons chaudes hot drinks
une **boîte** box, tin, disco/club
une **boîte aux lettres** letter box
un **bol** bowl
bon (f bonne) good
c'est bon! it tastes good!
bon appétit! said before a meal = 'enjoy your meal'
un **bonbon** sweet
bonjour hello, good morning
Bonne Année Happy New Year
bonne fête best wishes on your Saint's Day
bonne idée good idea
bonne nuit goodnight
au **bord de la mer** at the seaside
des **bottes (f pl)** boots
un **boulanger** baker
une **boulangerie** bakery, baker's shop
une **bouteille** bottle
les **boules (f pl)** bowls
un **bowling** bowling alley
bravo! well done!
les **brocolis (m pl)** broccoli
le **brouillard** fog
il y a du brouillard it's foggy
brun brown
une **bûche de Noël** Christmas log
une **bulle** speech bubble, caption
un **bureau** office
un **bureau de poste** post office

C

ça that
ça fait … that makes …
ça ne fait rien that (it) doesn't matter
ça ne va pas it's no good, things aren't going well
ça va? all right? how are you?
ça va bien, merci fine, thank you
ça y est that's it
cacher to hide
un **cadeau (pl des cadeaux)** present
un **café** café
un **café au lait** a cup of coffee with milk
un **café crème** a cup of coffee with milk
un **café-tabac** café selling tobacco, stamps, etc.
une **cage** cage
un **cahier** exercise book
une **caisse** cash desk, checkout
une **calculatrice** calculator
la **campagne** country, countryside
à la campagne in the country
un **camping** campsite
faire du camping to go camping
une **cantine** dining hall, canteen
un **car** coach
une **carotte** carrot
un **cartable** school bag
une **carte** card, map
jouer aux cartes to play cards
une **carte postale** postcard
une **case** printed box (on form or grid)
un **casque** helmet
une **casquette** (baseball) cap
au **cassis** blackcurrant flavoured
une **cathédrale** cathedral
un **CD** CD
ce (cet, cette, ces) this, that
un **cédérom** CD-ROM
une **ceinture** belt
célèbre famous
c'est it is
c'est vrai? really
ce n'est pas it's not
ce sont they are, these are
cela that
Cendrillon Cinderella
cent (one) hundred
le **centre** centre
un **centre commercial** shopping centre
un **centre sportif** sports centre
le **centre-ville** town centre
des **céréales (f pl)** cereal
ces these, those
cet (cette) this, that
une **chaîne hi-fi** stereo system
une **chaise** chair
une **chambre** bedroom
un **champignon** mushroom
chance, avoir de la chance to be lucky
changer to change
une **chanson** song
le **chant folklorique** folk singing
chanter to sing
un **chanteur (f une chanteuse)** singer
un **chapeau** hat
chaque each, every
à **chaque fois** each time
chasser to chase
un **chat (f une chatte)** cat
châtain chestnut brown
j'ai les cheveux châtains I have chestnut brown hair
un **château** castle
il fait **chaud** it's hot
des **chaussettes (f pl)** socks
des **chaussures (f pl)** shoes
des **chaussures de sport (f pl)** trainers
un **chemin** way, path
une **chemise** shirt
un **chemisier** blouse
cher (f chère) dear … (beginning of letter), expensive
chercher to look for
un **cheval (pl des chevaux)** horse

Français – anglais

chez at, to (someone's house)
  chez Marc at Marc's house
  chez moi at home
  chez toi to/at your house
un **chien** dog
la **Chine** China
les **chips (m pl)** crisps
le **chocolat** chocolate
  en chocolat made of chocolate
un **chocolat chaud** hot chocolate drink
un **choix** choice, selection
  au choix choice of …
  un grand choix a large selection
une **chorale** choir
une **chose** thing
  quelque chose something
un **chou** cabbage
  chouette! great!
un **chou-fleur** cauliflower
  chrétien(ne) Christian
le **ciel** sky
un **cinéma** cinema
  cinq five
  cinquante fifty
la **circulation** traffic
un **cirque** circus
un **citron** lemon
  au citron lemon flavoured
une **citrouille** pumpkin
  clair light
  bleu clair light blue
une **clarinette** clarinet
une **classe** class
  en classe in class
un **classeur** file, ring binder
un **clavier** keyboard
une **clinique** hospital
  cliquer to click
  classique classical
un **club** club
  un club des jeunes youth club
le **Coca** cola, coke
une **coche** mark, tick
  cocher to tick, mark
un **cochon d'Inde** guinea pig
un **collant** pair of tights
un **collège** school for students aged
  11–16 approx.
un **collier** collar, necklace
  colorié coloured
  colorier to colour
  combien (de)? how many? how much?
c'est **combien?** how much is it?
le **combien sommes-nous?** what's the
  date?
  comme as, like
  comme il fait chaud! how hot it is!
  comme ci comme ça so-so, not bad
  commencer to begin
  comment? what? pardon?
  comment ça s'écrit? how do you
  spell that? how's that written?
  **comment dit-on (…) en
  anglais?** what's the English for (…)?
  comment dit-on (…) en français?
  what's the French for (…)?
  comment s'appelle-t-il/elle? what's
  his/her name?
  comment t'appelles-tu? what's your
  name?
en **commun** in common
  compléter to fill in
  comprendre to understand
  composé de made up of
  compter to count
un **concert** concert
le **concombre** cucumber
un **concours** competition
  confortable comfortable
la **confiture** jam
  connu well-known
  content happy
vous **continuez** you continue (from
  continuer)
  contre against
un **contrôle** assessment, test
un **copain** friend (male)
  copier to copy
une **copine** friend (female)
un(e) **correspondant(e)** penfriend

à **côté de** next to
une **côte** coast
le **coton** cotton
je me **couche** I go to bed (from **se coucher**)
il se **couche** he goes to bed (from **se
  coucher**)
une **couleur** colour
un **coup de téléphone** telephone call
  couper to cut
la **cour** school grounds
un **cours** class, lesson
  courses, faire des courses to go
  shopping
  court short
un(e) **cousin(e)** cousin
  couvert covered, indoor
une **cravate** tie
un **crayon** pencil
une **crèche** crib
la **crème anglaise** custard
une **crêpe** pancake
une **crêperie** pancake restaurant/stall
le **cricket** cricket
  critiquer to criticise
je ne **crois pas** I don't think so
un **croissant** croissant (crescent-shaped
  roll)
une **cuillerée** spoonful
une **cuisine** kitchen
  curieux (f curieuse) strange, odd
le **cyclisme** cycling

D

  d'abord at first, first of all
  d'accord okay, all right
  dans in, on
la **danse** dance, dancing
  danser to dance
une **date** date
  de of, from
  débarrasser to clear away
être **debout** to be (standing) up
  décembre December
(il) **découvre** (he) discovers (from
  découvrir)
  découvrir to discover
  décrire to describe
un **défilé** procession
  déguisé(e) in fancy dress
le **déjeuner** lunch
  le petit déjeuner breakfast
  délicieux (f délicieuse) delicious
  demain tomorrow
  à demain see you tomorrow
  demi half
un **demi-frère** half brother, stepbrother
une **demi-heure** half an hour
une **demi-sœur** half sister, stepsister
un **dépliant** leaflet
  dernier last
  derrière behind
  des some (see p.112)
vous **descendez** you go down (from
  descendre)
ils/elles **descendent de l'autobus** they get off
  the bus (from **descendre**)
  désespéré in despair, desperate
vous **désirez?** what would you like? (from
  désirer)
  désolé very sorry
un **dessert** dessert, sweet
le **dessin** sketch, drawing, art
  dessiner to draw
  dessus on (it), above
  détester to hate
  deux two
  deuxième second
  devant in front of
les **devoirs (m pl)** homework
  deviner to guess
  difficile difficult
(le) **dimanche** (on) Sunday(s)
une **dinde** turkey
on **dîne** they have dinner (from **dîner**)
un **dîner** dinner
un **dinosaure** dinosaur
  dire to say
  directement directly
une **discothèque** discotheque
  discuter (de) to chat, to talk about
  things

un **disque** record
une **distraction** leisure activity
  dix ten
  dix-huit eighteen
  dix-neuf nineteen
  dix-sept seventeen
  dodo sleep
  dominos, jouer aux dominos to play
  dominoes
  donc therefore
  donner to give
  donnez-moi … give me …
il **dort** he sleeps/is asleep (from **dormir**)
  Douvres Dover
  douze twelve
un **drapeau** flag
à **droite** on the right
  drôle funny
  du of the, in the
  du (de la, de l', des) some (see
  p.112)

E

l' **eau (f)** water
  l'eau bouillante boiling water
  l'eau minérale mineral water
une **écharpe** scarf
  échecs, jouer aux échecs to play
  chess
un **éclair** eclair (type of cake)
une **école** school
  école primaire school for students
  aged 6–11
  écouter to listen to
  tu ne m'écoutes pas! you're not
  listening to me!
  écrire to write
  écris-moi bientôt write soon
l' **Écosse (f)** Scotland
  Édimbourg Edinburgh
une **église** church
un **éléphant** elephant
un(e) **élève** pupil, student
  elle she, it, her
  elles they (feminine form)
un **e-mail** email
une **émission** broadcast, programme
un **emploi du temps** timetable
  en in
  en ville in town
  encore more, again
  encore du … some more …
un **endroit** place
  en effet in fact
un(e) **enfant** child
un(e) **enfant unique** only child
  enfin finally, at last
  ennuyeux (f ennuyeuse) boring
  énorme huge
une **enquête** enquiry, survey
  enregistrer to record
l' **enseignement (m)** education,
  instruction
  ensemble together
  ensuite next
  entendre to hear
l' **entraînement (m)** training (session)
  entre between
une **entrée** entrance, fee
  entrer to enter
  environ about
  envoyer to send
une **épreuve** test
l' **EPS (éducation physique et sportive)
  (f)** PE
une **épicerie** grocer's shop
une **équipe** team
l' **équitation (f)** horse riding
une **erreur** mistake
tu **es** you are (from **être** see p.47)
un **escargot** snail
l' **Espagne (f)** Spain
  essayer to try (on)
  est is (from **être** see p.47)
  est-ce que … ? question form (see
  p.34)
  est-ce qu'il y a … ? is there … ?
  est-ce que je peux … ? can I … ?
  may I … ?
  est-ce que tu aimes … ? do you like
  … ?

Français – anglais

F

et and
(il) était (it) was
l' été (m) summer
  en été in summer
étranger foreign
être to be (see p.47)
un événement event
une excursion excursion
par exemple for example
un extrait extract
extraordinaire extraordinary

en face (de) opposite
facile easy
j'ai faim I'm hungry
faire to do, make, go
  faire du camping to go camping
  faire des courses to go shopping
  faire mes devoirs to do my homework
  faire de l'équitation to go horse riding
  faire de la gymnastique to do gymnastics
  faire de la planche à voile to go windsurfing
  faire une promenade to go for a walk
  faire du ski to go skiing
  faire la cuisine to do the cooking
  faire le total to add up, to total
  faire un tour à vélo to go for a bike ride
  faire du vélo to go cycling/biking
  faire de la voile to go sailing
il fait he is making (from **faire** see p.98)
  il fait beau it's fine weather
  il fait chaud it's hot
  il fait froid it's cold
  il fait mauvais it's bad weather
vous faites you do (from **faire** see p.98)
une famille (nombreuse) (large) family
fantaisie fancy, fun
fantastique fantastic
fatigant tiring
fatigué(e) tired
il ne faut pas manquer ça you mustn't miss that
faux (f fausse) false, wrong
un favori favourite
félicitations! congratulations!
une femme woman, wife
une fenêtre window
jour férié public holiday
une ferme farm
fermé closed
fermer to close
une fête Saint's day, festival
la fête des Mères Mothers' Day
la fête nationale French national holiday (Bastille day, 14th July)
fêter to celebrate
un feu fire
un feutre felt tip pen
une feuille (de papier) piece of paper, leaf
février February
une fille girl, daughter
un film film
un fils son
la fin end
finalement finally
c'est fini it's finished
une flèche arrow
une fleur flower
une flûte flute
une flûte à bec recorder
une fois once
  (à) chaque fois each time
  une fois par mois once a month
  trois fois three times
foncé dark
le plus foncé the darker
ils/elles font they do, make (from **faire** see p.98)
le football football
en forme fit
formidable terrific
une fraise strawberry
une framboise raspberry
la France France

G

français French
à la française in the French way
un frère brother
frisé curly
  j'ai les cheveux frisés I have curly hair
les frites (f pl) chips
froid cold
  il fait froid it's cold
le fromage cheese
un fruit fruit

un(e) gagnant(e) winner
gagner to win
une galette large, flat cake
  la galette des Rois special cake for Epiphany (6th January)
des gants (m pl) gloves
un garage garage
un garçon boy
garder to keep
une gare station
une gare routière bus and coach station
un gâteau (pl des gâteaux) cake
à gauche on the left
un géant giant
généralement usually
génial brilliant
gentil kind
la géographie geography
une gerbille gerbil
une glace ice cream
le golf golf
une gomme rubber
le goûter afternoon snack
la grammaire grammar
une gramme gram
grand big, tall
pas grand-chose not much
une grand-mère grandmother
les grands-parents (m pl) grandparents
un grand-père grandfather
gratuit free
la grille grid
gris grey
gros (f grosse) large, fat, big (of animals)
un groupe group
une guitare guitar
la gymnastique gymnastics

H

un habitant inhabitant
habiter to live in or at
d' habitude usually
un hamster hamster
les haricots verts (m pl) green beans
la haute technologie high tech
hélas! alas!
un hérisson hedgehog
une heure time, hour
  une demi-heure half an hour
  un quart d'heure a quarter of an hour
  à (trois) heures at (three) o'clock
  quelle heure est-il? what time is it?
une histoire story
l' histoire (f) history
historique historical
l' hiver (m) winter
  en hiver in winter
le hockey hockey
un homme man
un hôpital hospital
un horaire timetable
  horaire d'ouverture opening hours
horizontalement across
une horloge clock
un hors-d'œuvre first course, hors-d'œuvre
un hôtel hotel
un hôtel de ville town hall
l' huile (f) oil
huit eight

I

ici here
idéal(e) ideal
une idée idea
il he, it
il y a there is, there are

J

ils they (masculine form)
une île island
illustré illustrated
en images in pictures
un imperméable raincoat
  imper (short for **imperméable**)
impoli impolite, bad mannered
important important
incroyable unbelieveable
l' Inde (f) India
une indice clue
l' informatique (f) ICT, computing, information technology
les ingrédients (m pl) ingredients
inquiet (f inquiète) anxious, concerned
un instrument (de musique) musical instrument
intéressant interesting
une interview interview
interviewer to interview
inviter to invite
un iPod iPod
l' Irlande (f) (du Nord) (Northern) Ireland
l' Italie (f) Italy

J

la jambe leg
le jambon ham
janvier January
le Japon Japan
un jardin garden
jaune yellow, tan
le jaune d'œuf egg yolk
je I
un jean pair of jeans
un jeu (pl jeux) game
  un jeu de société board game or card game (for two or more players)
  un jeu vidéo electronic/computer game
(le) jeudi (on) Thursday(s)
jeune young
un jogging jogging trousers, tracksuit
joli pretty
jouer to play
un jouet toy
un joueur player
un jour day, one day
le jour de l'An New Year's Day
une journée day
  une journée typique a typical day
juillet July
juin June
des jumeaux (f des jumelles) twins
une jupe skirt
un jus de fruit fruit juice
le jus de viande gravy
jusqu'à until, as far as
juste fair

K

un kilo kilogram
  un demi-kilo half a kilogram
un kilomètre kilometre

L

là there
là-bas over there
un lac lake
laisser to leave
le lait milk
un lapin rabbit
laver to wash
le (f la, pl les) the
un lecteur CD / MP3 CD / MP3 player
la lecture reading
une légende key (to symbols)
un légume vegetable
lentement slowly
une lettre letter
leur (pl leurs) their (see p.103)
je me lève I get up (from **se lever**)
il se lève he gets up
se lever to get up
lève-toi! get up
levez-vous! get up!
libre free
libre-service self-service
un lieu place
  il a lieu it's taking place … (from **avoir lieu**)

la **limonade** lemonade
une **liste** list
un **lit** bed
un **livre** book
loin a long way
les **loisirs (m pl)** leisure
Londres London
long (f longue) long
lui him
une **lumière** light
(le) **lundi** (on) Monday(s)
les **lunettes (f pl)** glasses
un **lycée** school for students aged 15 and
over

M

ma my (see p.20)
une **machine (à laver)** (washing) machine
madame (Mme)
(pl mesdames) madam (Mrs)
mademoiselle
(pl mesdemoiselles) Miss
un **magasin** shop
un **magnétophone** tape recorder
magnifique magnificent, great
mai May
un **maillot de bain** swimming costume
une **main** hand
maintenant now
mais but
une **maison** house
à la maison at home, home
mal bad
une **maladie** illness
maman Mum
Mamie Granny, Grandma
la **Manche** English Channel
manger to eat
j'en ai assez mangé I've eaten
enough
les **manettes (f pl)** game controllers
manquer to miss
un **manteau** coat
une **maquette** model
un **marché** market
le **marché aux fleurs** flower market
le **marché aux poissons** fish market
marcher to work (of a machine, etc.),
to walk
(le) **mardi** (on) Tuesday(s)
mardi gras Shrove Tuesday
un **marin** sailor
marron (doesn't change form) brown
mars March
un **match** match
le **matériel** equipment
les **maths (f pl les**
mathématiques) maths
une **matière** school subject
le **matin** (in the) morning
une **matinée** morning
mauvais bad
il fait mauvais the weather is bad
mécanique mechanical
méchant nasty, naughty, fierce
les méchantes sœurs ugly sisters
(from Cinderella)
meilleur better
mes **meilleur(e)s ami(e)s** my best friends
mélanger to mix
un **melon** melon
même same, even
le **menu du jour** today's menu
la **mer** sea
au bord de la mer at the seaside
merci (beaucoup) thank you (very
much)
(le) **mercredi** (on) Wednesday (s)
une **mère** mother
mes my (see p.20)
un **message électronique** email
mettre to put, to put on
un **meuble** piece of furniture
midi midday
le **miel** honey
mignon sweet
le **milieu** middle
minuit midnight
une **minute** minute
la **mi-temps** half-time
moche horrible, awful

la **mode** fashion
à la mode in fashion
un **modèle réduit** scale model
moi me
moins less
un **mois** month
au **mois de …** in the month of …
moment, pour le moment for the
moment
mon my (see p.20)
Monsieur (M.) (pl messieurs) sir
(Mr)
un **monsieur** gentleman
une **montagne** mountain
à la montagne in the mountains
monter to climb up, get on, go up
une **montre** watch
on **montre** they show (from **montrer**)
un **morceau** piece
une **mosquée** mosque
un **mot** word
une **moto** motorbike
en moto by motorbike
les **mots croisés (m pl)** crossword
(des) **mots mêlés (m pl)** wordsearch
la **moutarde** mustard
moyen medium, means
au **mur** on the wall
un **musée** museum
un(e) **musicien(ne)** musician
la **musique** music
musulman(e) Muslim

N

n' … pas not (before a vowel)
nager to swim
la **natation** swimming
naturellement naturally
ne … pas not
il **neige** it's snowing
n'est-ce pas? isn't it? don't you?
neuf nine
une **nièce** niece
un **niveau** level
Noël Christmas
Joyeux Noël Happy Christmas
noir black
aux **noisettes** with nuts
un **nom** name
un **nombre** number
non no
le **nord** north
normalement normally
notre (pl nos) our (see p.102)
la **nourriture** food, feeding time
nous we, us
nouveau, (f nouvelle) new
nouvel (before masc. noun beginning
with a vowel) new
novembre November
la **nuit** (at) night
nul rubbish, useless
un **numéro** number

O

octobre October
un **œuf** egg
un **œuf à la coque** boiled egg
des œufs au bacon eggs and
bacon
on m'a **offert** I was given
un **office de tourisme** tourist office
une **offre d'emploi** job vacancy
un **oignon** onion
un **oiseau (pl oiseaux)** bird
une **omelette** omelette
on one, we
on y va? shall we go?
ils/elles **ont** they have (from **avoir** see p.55)
un **oncle** uncle
onze eleven
une **orange** orange
une **orangeade** orangeade
un **ordinateur** computer
un **ordinateur portable** lap-top
computer
organiser to organise
ou or
où where
oublier to forget
l' **ouest (m)** west
oui yes

P

ouvert open
il/elle **ouvre** he/she opens (from **ouvrir**)
ils/elles **ouvrent** they open (from **ouvrir**)
ouvrez open (from **ouvrir**)
nous **ouvrons** we open (from **ouvrir**)

le **pain** bread
un pain au chocolat bread roll
with chocolate inside
une **paire de …** a pair of …
un **panier** basket
un **pantalon** pair of trousers
papa dad
Pâques Easter
Joyeux Pâques Happy Easter
un **paquet** a parcel, packet
par by
un **parapluie** umbrella
un **parasol** sunshade
un **paravent** draught screen, windbreak
un **parc** park
un **parc d'attractions** theme park
parce que because
pardon excuse me
un **pare-brise** windscreen
un **pare-choc** car bumper
les **parents (m pl)** parents
paresseux lazy
un **parfum** flavour, perfume
un **parking** car park
parler to talk, to speak
les **paroles (f pl)** words
partager to share
une **partie** a part of
à **partir de … heures** from … o'clock
partout everywhere
un **pas** step
ne … **pas** not
pas beaucoup not much
pas ici not here
pas mal not bad
du **passé** of the past
un **passeport** passport
passer to spend, to pass
passez un tour miss a turn
un **passe-temps** hobby
passionné de fanatic about
le **pâté** meat paste, pâté
le **patin à roulettes** roller skating
une **patinoire** ice rink
pauvre poor
payer to pay
le **pays de Galles** Wales
une **pêche** peach
la **pêche** fishing
aller à la pêche to go fishing
la **peinture** painting
pendant during, for
je **pense à quelque chose** I am thinking
of or about something (from **penser**)
ils **perdent** they lose (from **perdre**)
perdre to lose
perdu lost (from **perdre**)
un **père** father
le Père Noël Father Christmas
un **perroquet** parrot
une **perruche** budgerigar, parakeet
un **personnage** character
petit small
le **petit déjeuner** breakfast
un **petit-enfant** grandchild
les **petits pois (m pl)** peas
un **peu** a little
peu à peu gradually
peut-être perhaps
on **peut** you (one) can (from **pouvoir**)
ça **peut** that can (from **pouvoir**)
peux, est-ce que je peux … ? can
I … ? (from **pouvoir**)
tu **peux … ?** can you … ? (from **pouvoir**)
une **photo** photo
la **photographie** photography
une **phrase** sentence
un **piano** piano
une **pièce** coin, room
à **pied** on foot
le **ping-pong** table tennis
un **pique-nique** picnic
une **piscine** swimming pool
pittoresque picturesque

une **pizza** pizza
une **place** square
en **place** in the right place
une **plage** beach
un **plan de la ville** street plan
la **planche à voile** windsurfing
le **plancher** floor
une **plante** plant
un **plat** dish
    le plat principal main course/dish
    les plats d'un repas courses of a meal
en **plein air** open-air
il **pleut** it's raining
la **pluie** rain
la **plupart** most
en **plus** on top of that
    plus tard later
une **poche** pocket
un **point** point
une **poire** pear
un **poisson** fish
    poisson d'avril April Fool
    un poisson rouge goldfish
le **poivre** pepper
la **police** police
    poliment politely
une **pomme** apple
    une pomme d'amour toffee apple
une **pomme de terre** potato
un **pont** bridge
le **porc** pork
un **port** port
un **portable** mobile phone
une **porte** door
    porter to wear
une **portion de** a portion of
    poser une question to ask a question
la **poste** post office
le **poste de police** police station
le **potage** soup
le **potage aux légumes** vegetable soup
une **poubelle** bin
une **poule** hen
le **poulet** chicken
    pour in order to, for
    pourquoi? why?
    préféré favourite
    préférer to prefer
    premier (f première) first
    prendre to take, have (see p.113)
un **prénom** first name, forename
    préparer to prepare
    près de near
à **présent** at present
    presque almost, nearly
    prêt ready
le **printemps** spring
    au printemps in spring
    principale
    la place principale main square
le **prix** price, prize
    prochain next
    mercredi prochain next Wednesday
un **professeur (prof)** teacher
    profiter de to make the most of
un **projet** plan
une **promenade** walk, excursion
se **prononcer** to be pronounced
    protéger to protect
des **provisions (f pl)** provisions, groceries
    puis then, next
un **pull** pullover
    puni punished (from **punir**)
    punir to punish
un **puzzle** jigsaw
un **pyjama** pair of pyjamas

Q

    quand when
    quand même all the same
    quarante forty
un **quartier** district, locality
    quatorze fourteen
    quatre four
    que ... ? what ... ?
    quel (quelle, quels, quelles) what? which?
    quel âge as-tu? how old are you?
    quel désordre! what a mess!

    quel parfum? which flavour?
    quel temps! what terrible weather!
    quel temps fait-il? what's the weather like?
    de quelle couleur est-il? what colour is it (he)?
    quelle est la date aujourd'hui? what's the date today?
    quelle heure est-il? what time is it?
    quelle journée! what a day!
    quelque chose something
    quelquefois sometimes
    quelques jours a few days
    qu'est-ce que ça veut dire? what does that mean?
    qu'est-ce que c'est? what is it?
    qu'est-ce que tu fais? what are you doing?
    qu'est-ce que tu veux/vous voulez? what do you want?
    qu'est-ce qu'il y a? what is there? what is the matter?
    qui who
    qui est-ce? who is it?
    quinze fifteen
    quinze jours fortnight
    quitter to leave
    quoi! what!

R

    raconter to tell, talk about
une **radio** radio
    raide straight
    j'ai les cheveux raides I have straight hair
un **raisin** grape
un **rang** row (in class)
    ranger des affaires to tidy up
    râpé(e)(s) grated
un **rappel** reminder
une **raquette de tennis** tennis racket
une **recette** recipe
    rechercher to search for
une **récolte** harvest
    reconnaître to recognise
la **récréation** break
un **reçu** receipt
j'ai **reçu** I received (from **recevoir**)
    reculez go back (from **reculer**)
    regarder to watch, look at
une **règle** ruler, rule
je **regrette** I'm sorry (from **regretter**)
    remplacer to replace
    remplir to fill, fill in
    rencontrer to meet
un **rendez-vous** meeting place
la **rentrée** return to school
    rentrer to return
un **repas** meal
    répéter to repeat
    répondre to reply
une **réponse** reply, answer
un **restaurant** restaurant
    rester (à la maison) to stay (at home)
    rester en forme to stay fit
les **résultats (m pl)** results
un **résumé** summary
en **retard** late
    retourner to return
    retrouver to meet up with
au **revoir** goodbye
    riche rich
de **rien** it's nothing, think nothing of it
    rien de spécial nothing much
    rire to laugh
on **rit** we laugh (from **rire**)
le **riz** rice
une **robe** dress
un **rocher** rock
un **roi** king
le **roller** roller skating
    rond(e) round
    rose pink
    rôti roast
    rouge red
une **route** road
    roux red/ginger
    j'ai les cheveux roux I have red/ginger hair

une **rue** street
le **rugby** rugby

S

    sa his, her, its (see p.101)
un **sac** bag
    un sac à dos backpack
    sage good
je ne **sais pas** I don't know (from **savoir**)
une **saison** season
la **Saint-Sylvestre** New Year's Eve
une **salade (verte)** lettuce, (green) salad
une **salle de bains** bathroom
une **salle de classe** classroom
une **salle à manger** dining room
une **salle de séjour** living room
un **salon** lounge, sitting room
    salut! hello, hi
(le) **samedi** (on) Saturday(s)
les **sandales (f pl)** sandals
un **sandwich** sandwich
    sans without
une **sardine** sardine
la **santé** health
un **saucisson** continental spicy sausage
    sauf except
    sauter to jump
    savoir to know
un **saxophone** saxophone
les **sciences (f pl)** science
    SVT (Sciences de la Vie et de la Terre) natural sciences
    scolaire to do with school
    seize sixteen
le **sel** salt
une **semaine** week
    séparer to separate
    sept seven
    septembre September
un **serpent** snake
    sers-toi! help yourself
    seul alone
    tout seul all alone
    seulement only
    sévère strict
un **short** pair of shorts
    si if, yes
    s'il te plaît/s'il vous plaît please
un **siècle** century
    simple easy
    sinon otherwise
    situé situated
    six six
un **skate** skateboard
le **ski (nautique)** (water) skiing
un **snack** snack (bar)
une **sœur** sister
un **sofa** sofa, settee
le **soir** (in the) evening(s)
    soixante sixty
    soixante-dix seventy
le **soleil** sun
    il y a du soleil it's sunny
un **sommaire** summary
nous **sommes** we are (from **être** see p.47)
un **son** sound
    son his, her, its (see p.101)
un **sondage** survey, opinion poll
    sonner to ring
ils/elles **sont** they are (from **être** see p.47)
elle **sort** she goes out (from **sortir**)
    sortir to go out
    soudain suddenly
    souligné underlined
    souligner to underline
le **souper** supper
une **souris** mouse
    sous under
    souvent often
un **spectacle** show
le **sport** sport
    sportif (f sportive) fond of sports
les **sports d'hiver (m pl)** winter sports
un **stade** stadium
un **stage** course
une **station (de radio)** (radio) station
un **stylo** pen
le **sucre** sugar
des **sucreries (f pl)** sweet things
le **sud** south
je **suis** I am (from **être** see p.47)

Français – anglais

(il) suit (it) follows (from **suivre**)
la Suisse Switzerland
suivant following
super great
un supermarché supermarket
sur on
surfer (sur le Net) to surf (the Net)
une surprise-partie party
surtout especially
un sweat sweatshirt
sympa nice, good
sympathique nice
une synagogue synagogue
un Syndicat d'Initiative tourist office

T

ta your (see p.20)
une table table
un tableau board, picture, table in a book
un tableau interactif interactive whiteboard
un taille-crayon pencil sharpener
tais-toi!/taisez-vous! be quiet!
une tante aunt
un tapis d'ordinateur mouse mat
une tarentule tarantula spider
une tarte tart
une tarte aux pommes apple tart
une tartine piece of bread and butter and/or jam
un taxi taxi
la technologie technology
à la télé on TV
téléphoner to telephone
une télévision (la télé) television (TV)
un temple temple
le temps weather, time
quel temps fait-il? what's the weather like?
avoir le temps to have time
le tennis tennis
le tennis de table table tennis
les tennis (f pl) tennis shoes
une tente tent
terminer to end
un terrain de football football pitch
tes your (see p.20)
le thé tea
un thé au citron lemon tea
un théâtre theatre
faire du théâtre to do drama
tiens! hey, look!
tigré tabby (cat)
un timbre stamp
un titre title, heading
le toast toast
toi you
les toilettes (f pl) toilets
un toit roof
une tomate tomato
une tombola tombola, raffle
(il) tombe (it) falls (from **tomber**)
ton your (see p.20)
toujours still, always
une tour tower
un tour turn (in game)
tournez turn (from **tourner**)
la Toussaint All Saints' Day, autumn half-term holiday
tous all
tous les jours every day
tout everything
en tout in all
c'est tout that's all
à tout à l'heure see you later
tout de suite straight away, immediately
tout droit straight ahead
tout le monde everyone
tout le temps all the time
tout près very near
un train train
au travail! down to work!
travailler to work
traverser to cross
treize thirteen
trente thirty
très very
un tricot jumper (or anything knitted)

trois three
troisième third
une trombone trombone, paperclip
une trompette trumpet
trop ... too ...
pas trop not too much
une trousse pencil case
trouver to find
se trouver to be situated
un t-shirt T-shirt
tu you (singular, informal) (see p.20)
typique typical

U

un (f une) a, one
un uniforme uniform
unique only
ça use that wears out (of shoes) (from **user**)
utile useful

V

il/elle va he/she/it goes (from **aller** see p.86)
ça va? how are you?
en vacances on holiday
les grandes vacances (f pl) summer holidays
je vais I go (from **aller** see p.86)
une valise suitcase
faire les valises to pack
à la vanille vanilla flavoured
végétarien(ne) vegetarian
un vélo bicycle
le vélo tout terrain (VTT) mountain bike (biking)
un vendeur (une vendeuse) shop assistant
on vend they're selling (from **vendre**)
vendre to sell
(le) vendredi (on) Friday(s)
venez voir come and see
venir to come
le vent wind
il y a du vent it's windy
vérifier to check
un verre glass
vert green
verticalement down
une veste jacket
les vêtements (m pl) clothes
qui veut ... ? who wants ... ? (from **vouloir**)
je veux I want (from **vouloir**)
je veux bien I'd like to
tu veux ... ? do you want ... ? (from **vouloir**)
la viande meat
une vidéo video
viens come here (from **venir**)
vieux (f vieille) old
un village village
une ville town
en ville in (to) the town centre
le vin wine
du vin rouge/blanc red/white wine
le vinaigre vinegar
vingt twenty
un violon violin
un violoncelle cello
une visite guidée guided tour
visiter to visit
vite quickly
la vitesse speed
vive les vacances! long live the holidays!
voici here is, here are
voilà there is, there are
la voile sailing
voir to see
une voiture car
une voix voice, vote
le volley volleyball
elles vont they go (from **aller** see p.86)
une vote vote
votre (pl vos) your (see p.102)
je voudrais I'd like
vous you (plural; singular polite form)
un voyage journey
voyager to travel
voyons let's see (from **voir**)
une voyelle vowel

vrai true
vraiment really
une vue view

W

le week-end (at the) weekend

Y

y there
un yaourt yoghurt
les yeux (m pl) eyes

Z

zéro zero
un zoo zoo
zut! blast!

Anglais – français

A

a un, une
activity une activité
to **adore** adorer
after après
afternoon l'après-midi (m)
again encore
age l'âge (m)
agreed d'accord
all tout (toute, tous, toutes)
already déjà
also aussi
always toujours
I **am** je suis (**from** être)
amusing, enjoyable, fun amusant
an un, une
and et
animal un animal, des animaux
answer une réponse, une solution
to **answer** répondre
apple une pomme
apricot un abricot
April avril
aquarium un aquarium
there **are** il y a
they **are** ils/elles sont (**from** être)
to **arrive** arriver
art, drawing le dessin
as comme
to **ask** demander
to **ask a question** poser une question
athletics l'athlétisme (m)
August août
autumn l'automne (m)
   in autumn en automne
awful affreux/affreuse

B

backpack un sac à dos
bad mauvais
   the weather's bad il fait mauvais
badminton le badminton
bag un sac
ball (football, large ball) un ballon
ball (tennis) une balle
banana une banane
bank une banque
baseball cap une casquette
basketball le basket
bathroom la salle de bains
to **be** être
beach une plage
beautiful beau (belle, beaux, belles)
because parce que
bed un lit
   to go to bed se coucher, aller au lit
bedroom une chambre
before avant (de)
to **begin** commencer
behind derrière
Belgium la Belgique
beside à côté de
best wishes (at end of letter) Amitiés
between entre
bicycle, bike un vélo
big grand, **(for animals)** gros/grosse
to go **biking** faire du vélo
bin une poubelle
bird un oiseau
birthday un anniversaire
   happy birthday! bon anniversaire!
a **bit** un peu
biro un bic
black noir
blouse un chemisier
blue bleu
boat un bateau
book un livre
boring ennuyeux/ennuyeuse
bottle une bouteille
bowling alley un bowling
box une boîte
boy un garçon
bread le pain
   bread and butter une tartine
break (time) la récréation, la pause
breakfast le petit déjeuner
bridge un pont
brilliant! génial!
British britannique
brochure une brochure

C

broccoli les brocolis (m pl)
brother un frère
browser un navigateur
budgerigar une perruche
building un bâtiment
bus un (auto)bus
but mais
butter le beurre
by par

cabbage le chou
café un café
cage une cage
cake un gâteau
calculator une calculatrice
I am **called** je m'appelle
camera un appareil (photo)
campsite un camping
canteen la cantine
car une voiture
car park un parking
card une carte
   to play cards jouer aux cartes
careful! attention!
carpet un tapis
carrot une carotte
to **carry** porter
cartoon un dessin animé
   cartoon strip une bande dessinée
castle un château
cat un chat, une chatte
cathedral une cathédrale
cauliflower le chou-fleur
CD un CD
CD player un lecteur CD
CD-ROM un cédérom
cello un violoncelle
centre le centre
cereal des céréales (f pl)
chair une chaise
to **chat** discuter
to **check** vérifier
cheese le fromage
to play **chess** jouer aux échecs
chestnut brown châtain
chicken le poulet
child un(e) enfant
   I am an only child je suis fils/fille
   unique
chips les frites
chocolate le chocolat
Christmas Noël
church une église
cinema un cinéma
clarinet une clarinette
class la classe
classroom la salle de classe
to **click** cliquer
to **close** fermer
clothes les vêtements (m pl)
cola un Coca
coffee le café
cold froid
   the weather's cold il fait froid
colour une couleur
comic strip une bande dessinée (BD)
computer un ordinateur
computer disk une disquette
computer game un jeu vidéo (des
   jeux vidéo)
concert un concert
to **cook** faire la cuisine
corner le coin
to **count** compter
courses (of a meal) les plats d'un repas
cousin un(e) cousin(e)
cricket le cricket
curly (hair) (les cheveux) frisé(s)
cursor le curseur
cycling le cyclisme

D

to **dance** danser
date la date
daughter une fille
day un jour
dear cher/chère
December décembre
to **delete** effacer
delicious délicieux
design and technology le TME
   (travail manuel éducatif)

E

dictionary un dictionnaire
difficult difficile
dining room la salle à manger
dinner (evening meal) le dîner
disco une discothèque, une boîte
to **do** faire
dog un chien
door une porte
to do **drama** faire du théâtre
to **draw** dessiner
drawing le dessin
dress une robe
drink une boisson
to **drink** boire
drums la batterie
during pendant

east l'est
Easter Pâques
easy facile
to **eat** manger
egg un œuf
email un e-mail, un message
   électronique
England l'Angleterre (f)
English anglais
enough assez
especially surtout
evening le soir
evening meal le dîner
for **example** par exemple
exercise un exercice
exercise book un cahier

F

false faux
family la famille
far (away) loin
farm une ferme
father le père
   Father Christmas le Père Noël
favourite préféré, favori/favorite
felt tip pen un feutre
festival une fête
file (computer) un fichier,
   (ring binder) un classeur
film un film
finally finalement
it's **fine weather** il fait beau
first le premier/la première
first of all d'abord
fish le poisson
   goldfish un poisson rouge
   to go fishing aller à la pêche
flat un appartement
flute une flûte
it's **foggy** il y a du brouillard
football le football, le foot
football match un match de football
football pitch un terrain de football
for pour
France la France
French français
Friday vendredi
friend un(e) ami(e), un copain/une
   copine
in **front of** devant
fruit un fruit
   fruit juice un jus de fruit
fun amusant
it's **fun** c'est amusant

G

game un jeu
garage un garage
garden un jardin
geography la géographie
German allemand
Germany l'Allemagne (f)
I **get up** je me lève
girl une fille
ginger (hair) (les cheveux) roux
to **go** aller
golf le golf
good bon/bonne
goodbye au revoir
grandfather le grand-père
grandmother la grand-mère
grand-parents les grands-parents (m pl)
grape un raisin
great! super!
green vert
grey gris

H

to **guess** deviner
guinea pig un cochon d'Inde
guitar une guitare
gymnastics la gymnastique

half demi
  half brother un demi-frère
  half sister une demi-sœur
ham le jambon
hamster un hamster
happy content
to **hate** détester
to **have** avoir
health la santé
hello bonjour
her son, sa, ses
here ici
here are voici
here is voici
hi! salut!
his son, sa, ses
history l'histoire (f)
hobby un passe-temps
hockey le hockey
holidays les vacances (f pl)
at **home** à la maison
to go **home** rentrer
homework les devoirs (m pl)
horse un cheval
to go **horse riding** faire de l'équitation
hospital un hôpital
hot chaud
  it's hot il fait chaud
hotel un hôtel
hour une heure
house une maison
  at my house chez moi
how comment
  how are you? (comment) ça va?
  how old are you? quel âge as-tu?
  how do you spell that? comment ça s'écrit?
  how many? combien (de)
hundred cent

I

I je
ice cream une glace
ice rink une patinoire
ICT l'informatique (f)
idea une idée
in dans
interactive whiteboard un tableau interactif
interesting intéressant
iPod un iPod
Ireland l'Irlande (f)
  Northern Ireland l'Irlande du Nord
Irish irlandais
he/she/it **is** est (from être)
there **is** il y a
it is c'est
it isn't ce n'est pas
its son, sa, ses

J

jacket une veste
jam la confiture
January janvier
jeans un jean
jogging trousers un jogging
journey un voyage
judo le judo
July juillet
jumper un pull, un tricot
June juin

K

key (on keyboard) une touche,
  (for lock) une clef, une clé
keyboard un clavier
kilo un kilo
kilometre un kilomètre (1 km)
kind gentil/gentille
kitchen la cuisine
kiwi fruit un kiwi
I **know** je sais
I don't **know** je ne sais pas

L

lap-top computer un ordinateur portable
large grand
last dernier/dernière

later plus tard
leaflet un dépliant, une brochure
on the **left** à gauche
lemon un citron
lemonade la limonade
lesson un cours
letter une lettre
lettuce la salade
library une bibliothèque
to **like** aimer
  I would like je voudrais
list une liste
to **listen to** écouter
little petit
a **little** un peu
to **live** habiter
  where do you live? où habites-tu?
  I live in London j'habite à Londres
living room la salle de séjour
to **log off** déconnecter
to **log on** connecter
long long/longue
to **look at** regarder
to **look for** chercher
a **lot** beaucoup
lounge le salon
to **love** adorer
lunch le déjeuner

M

main course le plat principal
to **make** faire
man un homme
many beaucoup
map (town) un plan de la ville,
  (region, country) une carte
March mars
market le marché
marmalade la confiture d'oranges
maths les maths (f pl)
May mai
maybe peut-être
me moi
meal un repas
meat la viande
melon le melon
menu (computer) le menu,
  (restaurant) la carte
midday midi
midnight minuit
milk le lait
minus moins
mistake une erreur
mobile phone un portable
Monday lundi
month le mois
morning le matin
mosque une mosquée
mother la mère
mountain bike le VTT (vélo tout terrain)
to go **mountain biking** faire du VTT
mouse une souris
mouse mat un tapis d'ordinateur
MP3 player un lecteur MP3
Mr M. (monsieur)
Mrs Mme (madame)
museum un musée
music la musique
musical instrument un instrument de musique
my mon, ma, mes

N

name un nom
  my name is je m'appelle
naughty méchant
near (to) près (de)
nearby tout près
new nouveau (nouvel **before masculine word beginning with a vowel**) / nouvelle / nouveaux / nouvelle
New Year's Day le jour de l'An
next ensuite
next to à côté de
nice sympa
  the weather's nice il fait beau
night la nuit
no non
not ne ... pas, pas
November novembre
now maintenant

O

October octobre
of de
office le bureau
often souvent
OK d'accord, okay
old vieux (vieille, vieux, vieilles)
  how old are you? quel âge as-tu?
omelette une omelette
on sur
online en ligne
only seulement
  only child fils/fille unique
open ouvert
to **open** ouvrir
or ou
orange une orange
orchestra un orchestre
other autre
our notre, nos
over there là-bas

P

to **pack a suitcase** faire sa valise
page la page
to do **painting** faire de la peinture
paper clip un trombone
parent un parent
park un parc
parrot un perroquet
party une fête, une soirée
peach une pêche
pear une poire
peas des petits pois (m pl)
pen un stylo
pencil un crayon
pencil case une trousse
pencil sharpener un taille-crayon
penfriend un(e) correspondant(e)
pet un animal (domestique)
  have you any pets? as-tu des animaux à la maison?
peut-être perhaps
person une personne
personal CD player un baladeur
photography la photographie
to take **photos** faire des photos
physical education l'éducation physique (f) (l'EPS)
piano un piano
picture une image, un dessin
pineapple un ananas
to **play** jouer (à + sports, de + instruments)
please s'il vous plaît, s'il te plaît
post office la poste
postcard une carte postale
poster une affiche, un poster
potato une pomme de terre
to **prefer** préférer
to **prepare** préparer
present un cadeau
to **press** appuyer
pretty joli
to **print** imprimer
printer une imprimante
pullover un pull, **(knitted jumper or top)** un tricot
pupil un(e) élève
to **put (on)** mettre
pyjamas un pyjama

Q

quarter un quart
question une question
quickly vite
quite assez

R

rabbit un lapin
radio une radio
it's **raining** il pleut
raspberry une framboise
read lis/lisez (**from** lire)
really vraiment
to **record** enregistrer
recorder une flûte (à bec)
red rouge
red (hair) (les cheveux) roux
religious education la religion, l'éducation religieuse (f)
to **reply** répondre
restaurant un restaurant

Anglais – français

to **return (home)** rentrer
on the **right** à droite
ring binder un classeur
road (street) la rue,
(main road) la route
to **roller skate/blade** faire du roller
roller blades des rollers (m pl)
roller skates des patins à roulettes
(m pl)
room (in house) une pièce,
(in school) une salle
rubber une gomme
rucksack un sac à dos
rugby le rugby
ruler une règle

S

to go **sailing** faire de la voile
salad une salade
salt le sel
sandals des sandales (f pl)
sandwich un sandwich
Saturday samedi
to **save (file)** sauvegarder
say dis/dites (**from** dire)
school (primary) une école,
(secondary) un collège, un lycée
school bag un cartable
science les sciences (f pl), **(natural
sciences)** SVT (Sciences de la Vie et
de la Terre)
scissors des ciseaux (m pl)
Scotland l'Écosse (f)
Scottish écossais
screen un écran
sea la mer
season une saison
second deuxième
sentence une phrase
September septembre
several plusieurs
she elle
shirt (boy's) une chemise, **(girl's)** un
chemisier
shoe une chaussure
shop un magasin
to go **shopping** faire des courses/du shopping
shopping centre le centre commercial
shorts un short
Shrove Tuesday mardi gras
to **sing** chanter
sister une sœur
situated situé
sit down assieds-toi/asseyez-vous
to **(roller) skate** faire du roller
skateboard un skate
to go **skiing** faire du ski
skirt une jupe
sky le ciel
slowly lentement
small petit
snack (afternoon) le goûter
snake un serpent
it's **snowing** il neige
so alors, donc
sock une chaussette
something quelque chose
sometimes quelquefois
son un fils
song une chanson
soon bientôt
see you soon! à bientôt!
(I am) **sorry** (je suis) désolé(e)
sorry! pardon!
soup le potage, la soupe
south le sud
to **speak** parler
to **spend (time)** passer
sport le sport
sporty sportif/sportive
spring le printemps
in spring au printemps
(town) **square** une place
staffroom la salle des profs
to **start** commencer
starter (meal) un hors-d'œuvre
station la gare
to **stay (at home)** rester (à la maison)
stepbrother un demi-frère
stepfather un beau-père
stepmother une belle-mère

stepsister une demi-sœur
stereo (system) une (chaîne) stéréo
story une histoire
straight (hair) (les cheveux) raide(s)
straight ahead tout droit
strawberry une fraise
street une rue
student un(e) étudiant(e)
school **subject** une matière
sugar le sucre
suitcase une valise
summer l'été (m)
in summer en été
summer holidays les grandes
vacances (f pl)
sun le soleil
it's **sunny** il y a du soleil
Sunday dimanche
sunglasses des lunettes de soleil
(f pl)
supermarket un supermarché
to **surf (the Net)** surfer (sur le Net)
surname le nom de famille
sweatshirt un sweat
sweet (adj) mignon/mignonne
sweet (noun) un bonbon
sweet things des sucreries (f pl)
(to go) **swimming** (faire de) la natation
swimming costume un maillot de bain
swimming pool une piscine
to **switch on** allumer
synagogue une synagogue

T

table une table
table tennis le tennis de table, le
ping-pong
to **take** prendre
to **talk** parler
tall grand
tape recorder un magnétophone
tea (drink) le thé, **(meal)** le goûter
teacher un professeur
team une équipe
technology la technologie
to **telephone** téléphoner
television la télévision
temple un temple
tennis le tennis
terrible affreux
test un contrôle
thank you merci
theatre un théâtre
theme park un parc d'attractions
then alors, puis
there là
there is, there are il y a
therefore donc
they ils/elles
thing une chose
things (possessions) les affaires (f pl)
to **think** penser
third troisième
this is c'est
Thursday jeudi
to **tidy up** ranger
tie une cravate
from **time to time** de temps en temps
what **time is it?** quelle heure est-il?
school **timetable** un emploi du temps
tired fatigué
tiring fatigant
toast le toast
today aujourd'hui
together ensemble
toilets les toilettes (f pl)
tomato une tomate
too (much) trop
tourist un(e) touriste
tourist office un office de tourisme,
un syndicat d'initiative
towards vers
town une ville
in town en ville
town centre le centre-ville
town hall l'hôtel de ville
train un train
trainers des baskets (f pl)
trousers un pantalon
true vrai
trumpet une trompette

trunks (swimming) un maillot de
bain
T-shirt un t-shirt
Tuesday mardi
TV la télé
twin un jumeau/une jumelle
to **type** taper

U

umbrella un parapluie
under sous
I (don't) **understand** je (ne) comprends (pas)
uniform un uniforme
United Kingdom le Royaume-Uni
until jusqu'à
useful utile
useless nul
usual normal
usually normalement, d'habitude

V

vegetable un légume
vegetarian végétarien/végétarienne
very très
very much beaucoup
video une vidéo
video game un jeu vidéo
video recorder un magnétoscope
village un village
violin un violon
to **visit** visiter
volleyball le volley

W

Wales le pays de Galles
Welsh gallois
to go for a **walk** faire une promenade
to **want** (je veux, tu veux, vous voulez)
it's **warm** il fait chaud
to **watch** regarder
watch out! attention!
water l'eau (f)
we nous
to **wear** porter
the **weather is bad** il fait mauvais
web page une page web
Wednesday mercredi
week une semaine
weekend le week-end
well bien
west l'ouest
what? (pardon?) comment?
what colour is it? de quelle couleur
est-il?
what is it? qu'est-ce que c'est?
what's the date? quelle est la date
aujourd'hui?
what's the weather like? quel temps
fait-il?
what time is it? quelle heure est-il?
what is he/she/it like? il/elle est
comment?
when quand
where où
which quel (quelle, quels, quelles)
white blanc/blanche
who qui
why pourquoi
to **win** gagner
to go **windsurfing** faire de la planche à voile
window une fenêtre
it's **windy** il y a du vent
wine du vin
winter l'hiver (m)
in winter en hiver
with avec
without sans
woman une femme
word un mot
to **work** travailler
write écris/écrivez (**from** écrire)
it's **wrong** c'est faux

Y

year un an, une année
yellow jaune
yes oui
yoghurt un yaourt
you tu, toi, vous
your ton, ta, tes; votre, vos
youth hostel une auberge de jeunesse

Z

zoo un zoo

Vocabulaire de classe

What your teacher might say

In general

Apporte-moi/Apportez-moi ...	Bring me ...
Assieds-toi/Asseyez-vous.	Sit down.
Chantez	Sing
Ce n'est pas difficile/facile.	It's not difficult/easy.
Combien?	How many?
Commence/Commencez	Begin/Start
Compte/Comptez	Count
Dessine/Dessinez	Draw
Devine/Devinez	Guess
Distribue/Distribuez les cahiers/livres.	Give out the books.
Donne-moi/Donnez-moi	Give me
Écoutez bien.	Listen carefully.
Écoute/Écoutez le CD.	Listen to the CD.
Écris ça au tableau.	Write that on the board.
Efface/Effacez	Rub out
Encore une fois	Once more/Again
Es-tu/Êtes-vous prêt(s)?	Are you ready?
Ferme/Fermez le livre.	Close the book.
Lève-toi/ Levez-vous.	Stand up.
Lis/Lisez le texte à haute voix.	Read the text aloud.
N'oublie pas/N'oubliez pas	Don't forget
Ne parle pas/Ne parlez pas anglais.	Don't speak English.
Ouvre/Ouvrez le livre.	Open the book.
Parle/Parlez français.	Speak French.
Qu'est-ce que tu veux?	What do you want?
Qu'est-ce qu'il y a?	What's the matter?
Qui va commencer?	Who is going to begin?
Rangez vos affaires.	Put away your things.
Répète/Répétez (après moi).	Repeat (after me).
Regarde/Regardez	Look at
Retourne à ta place/ Retournez à vos places.	Go back to your place(s).
Tourne/Tournez à la page ...	Turn to page ...
Travaillez en groupes.	Work in groups.
Tu comprends/Vous comprenez?	Do you understand?
Tu as compris/Vous avez compris?	Did you understand?
Tu as fini/Vous avez fini?	Have you finished?
Vérifiez votre travail.	Check your work.
Viens/Venez ici.	Come here.

When talking about computers

Allumer l'ordinateur	To switch on the computer
Connecter	To log on
Déconnecter	To log off
Fermer un document	To close a file/a document
Sauvegarder le document	To save the file/the document
Je ne trouve pas mon document.	I can't find my file/document.
Sauvegarde ton travail et envoie le document au prof.	Save your work and send it to the teacher.
Choisis la bonne traduction.	Choose the best translation.
Taper le texte	To type the text
On est tombé en panne.	It's crashed.
(L'imprimante) ne marche pas.	(The printer) isn't working.

When talking about homework

Pour vos devoirs ...	For your homework ...
Apprenez le vocabulaire à la page ...	Learn the vocabulary on page ...
C'est pour lundi.	It's for Monday.
C'est pour un contrôle, vendredi.	It's for a test on Friday.
Copiez vos devoirs/ces mots.	Copy your homework/these words.
Faites l'exercice à la page ...	Do the exercise on page ...
Lisez 'X' à la page ...	Read 'X' on page ...

When playing games

Choisis une carte.	Choose a card.
Distribue les cartes.	Give out the cards.
Mélange/Mélangez les cartes.	Mix up the cards.
On va faire deux équipes.	We're going to make two teams.

When commenting on what you say or write

Assez bien	Quite good
Bien	Good
Très bien	Very good
Bon effort	Good effort
C'est ça.	That's right.
C'est correct/juste.	That's correct.
Ce n'est pas correct.	That's not right.
Pas tout à fait	Not quite

What you may want to ask or tell your teacher

Ça s'écrit comment?	How is it spelt?
Comment ça s'écrit?	How do you spell that?
C'est masculin ou féminin?	Is it masculine or feminine?
C'est quoi en français?	What is it in French?
Comment dit-on en français 'pencil'?	How do you say 'pencil' in French?
Est-ce que je peux ... ?	Can I ... ?
aller aux toilettes	go to the toilet
avoir un livre	have a book
avoir une feuille	have a piece of paper
travailler avec X	work with X
J'ai fini.	I've finished.
J'ai oublié mon cahier.	I have forgotten my exercise book.
Je n'ai pas de stylo.	I haven't got a pen.
Je n'ai pas mon livre.	I haven't got my book.
Je n'ai pas fait mes devoirs.	I haven't done my homework.
Je n'ai pas fini.	I haven't finished.
Je ne comprends pas le mot 'Tricolore'/ce mot	I don't understand the word 'Tricolore'/this word
Je ne sais pas.	I don't know.
Je ne trouve pas mon cahier.	I can't find my exercise book.
Je voudrais un livre, s'il vous plaît.	I'd like a book, please.
Qu'est-ce que c'est en anglais?	What is it in English?
Qu'est-ce que ça veut dire?	What does that mean?
Répétez la question, s'il vous plaît.	Repeat the question, please.

Useful phrases for working together

C'est à moi/toi.	It's my/your turn.
C'est à qui (le tour)?	Whose turn is it?
J'ai gagné.	I've won.
On commence?	Shall we start/begin?
On fait un jeu?	Shall we play a game?
On va demander au prof.	We'll ask the teacher.
Non, ce n'est pas ça.	No, that's not right.
Oui, c'est ça.	Yes, that's right.
Qui a gagné?	Who has won?
Qui commence?	Who's starting?
Tu as gagné.	You've won.
Tu poses une question.	You ask a question.

Les instructions

Avec les lettres qui restent, écris ...	With the remaining letters, write ...
C'est à qui?	Whose is it?/Who does it belong to?
C'est faux?	Is it wrong?
C'est où?	Where is it?
C'est quelle phrase?	Which sentence is it?
C'est qui?	Who is it?
Change les mots en couleurs.	Change the words in colour.
Change un détail à chaque fois.	Change one detail each time.
Changez de partenaire/de rôle.	Change partner/roles.
Chantez	Sing
Chasse à l'intrus.	Find the odd one out.
Chaque fois	Each time
Cherche les mots dans le Glossaire.	Look up the words in the Glossary.
Choisis/Choisissez ...	Choose ...
la bonne phrase	the right sentence
le bon mot	the right word
Coche la bonne case.	Tick the right box.
Colorie	Colour in
Combien?	How many?
Combien de phrases correctes peux-tu faire?	How many correct sentences can you make?

Complète ... — Complete ...
  avec la forme correcte du verbe ... — with the correct part of the verb ...
  avec les mots de la case — with the words in the box
  avec les voyelles — with the vowels
  la grille/le tableau — the grid/table
  les bulles — the speech bubbles
  les détails — the details
  les phrases/les réponses — the sentences/replies
Consulte/Consultez la carte/le tableau/l'emploi du temps. — Consult the map/the table/timetable.
Continue comme ça. — Continue like that.
Copie la liste ... — Copy the the list ...
  dans ton cahier — into your exercise book
Corrige les erreurs/les phrases fausses. — Correct the mistakes/the wrong sentences.
Décide qui parle. — Decide who is speaking.
Décris — Describe
Dessine (une flèche) — Draw (an arrow)
Devine ... — Guess ...
  le mot anglais — the English word
  le sens de ces mots — the meaning of these words
Dis pourquoi. — Say why.
Donne une opinion — Give an opinion
Écoute la conversation. — Listen to the conversation.
Écoute encore une fois. — Listen once again.
Écris ... — Write ...
  ces mots correctement — these words correctly
  ces mots dans l'ordre alphabétique — these words in alphabetical order
  des phrases complètes — full sentences
  la lettre/la phrase qui correspond — the letter/sentence that matches
  le genre — the gender
  le nombre — the number
  ton nom — your name
  les mots qui manquent — the missing words
  quelques phrases — a few sentences
  une liste dans l'ordre — a list in order
  une petite description — a short description
Encercle les mots. — Draw a circle round the words.
Fais/Faites des phrases (comme ça). — Make up sentences (like that).
Fais/Faites deux listes en français et en anglais. — Write two lists in French and English.
Fais/Faites le total des points. — Work out the total.
Fais/Faites un résumé. — Do a summary.
Fais/Faites un sondage. — Carry out a survey.
Fais/Faites des recherches. — Do some research.
Fais une description ... — Describe ...
Garde la description dans ton Dossier personnel. — Keep the description in your personal folder.
Il y a combien de ... ? — How many ... are there?
Il y a une question qui ne va pas avec les autres. — There is one question that doesn't fit (with the rest).
Ils sont à qui? — Who do they belong to?
Invente un dessin amusant. — Invent an amusing drawing.
Inventez des conversations. — Make up conversations.
Jette/Jetez un dé. — Throw a dice.
Jouez à deux/en équipes. — Play in pairs/teams.
Lis/Lisez ... — Read ...
  la description — the description
  les mots — the words
  les phrases — the sentences
  l'histoire — the story
  les textes — the captions
  le résumé — the summary
  le dialogue — the dialogue
Mets/Mettez ... — Put ...
  la bonne description à chaque image — the right description with each picture
  les mots dans le bon ordre — the words in the right order
  les phrases en deux groupes — the sentences in two groups
Mots mêlés — Wordsearch
Note ... — Note (down) ...
  l'heure correcte — the correct time
  la bonne lettre — the right letter
  les différences — the differences
  les nombres qui correspondent — the numbers which correspond
  les réponses — the answers/replies

N'oublie pas ... — Don't forget ...
  les accents — the accents
  de vérifier si c'est un mot masculin ou féminin — to check whether it's a masculine or feminine word
Où sont-ils? — Where are they?
Par deux — In pairs
Pas vrai — Not true
Pose des questions. — Ask questions.
Pour chaque question, il y a deux réponses possibles. — For each question, there are two possible replies.
Pour découvrir la réponse — To find the answer
Pour savoir/vérifier — To find out/check
Pour t'aider — To help you
Prépare des questions. — Prepare some questions.
Présente les résultats sous la forme d'un tableau. — Present the results in a graph/table.
Prononce ces mots. — Pronounce these words.
Puis vérifie dans le Glossaire. — Then check in the Glossary.
Qu'est-ce qu'ils demandent? — What are they asking?
Qu'est-ce qu'on cherche? — What are they looking for?
Qu'est-ce que c'est? — What is it?
Quand? — When?
Quel mot ne va pas avec les autres? — Which word is the odd one out?
Quelle description correspond? — Which description matches?
Quelle est la réponse correcte? — Which is the correct answer?
Quelle image correspond à chaque conversation? — Which picture corresponds to each conversation?
Quelle phrase ... ? — Which sentence ... ?
Quelles sont les différences? — What are the differences?
Qui est-ce? — Who is it?
Qui parle? — Who is speaking?
Regarde/Regardez ... — Look at ...
  les images — the pictures
  les dessins — the drawings
  les verbes — the verbs
Relis la page X/les questions. — Reread page X/the questions.
Remplis la grille/les blancs. — Fill in the grid/the blanks.
Répète — Repeat
Réponds ... — Answer ...
  oui ou non — yes or no
  pour toi — for yourself
  aux questions — the questions.
Sur une feuille — On a sheet of paper
Sur l'ordinateur — On the computer
Souligne le mot qui ne va pas avec les autres. — Underline the word that doesn't fit.
Si nécessaire — If necessary
Si tu veux — If you like
Tourne à la page ... — Turn to page ...
Travaillez à deux. — Work in pairs.
Travaille avec un(e) partenaire. — Work with a partner.
Trouve ... — Find ...
  la bonne image — the right picture
  la bonne lettre — the right letter
  le bon dessin — the right drawing
  les erreurs — the mistakes
  les paires — the pairs
  des choses qui commencent avec 'c' — things that begin with 'c'
  un mot pour chaque catégorie — a word for each category
  les mots qui riment — words that rhyme
  la bonne bulle — the right speech bubble
  les mots au pluriel — words in the plural
  le symbole qui correspond — the symbol which corresponds
  la bonne description pour chaque image — the right description for each picture
  la bonne réponse — the right answer
  le français — the French
Tu préfères quel animal? — Which animal do you prefer?
Une personne pose la question. — One person asks the question.
Une personne donne la réponse. — One person gives the reply.
Utilise les mots de la case. — Use the words in the box.
Vérifie les réponses. — Check the answers.
Voici des idées/des questions. — Here are some ideas/questions.
Vrai ou faux — True or false

Acknowledgements

The authors and publisher would like to thank the following people:
Sarah Langman Scott for editing the material

The authors and publisher would also like to thank the following for permission to reproduce material:

Illustrations:
Mike Bastin, David Birdsall, Steve Evans, Tony Forbes (c/o Sylvie Poggio Artists Agency),
Lorna Kent, Judy Musselle, Andy Peters, Graham Smith (c/o The Bright Agency), John Wood

Photographs courtesy of:
Martyn F. Chillmaid p6 (all), p12 (1a, 7a, 8a), p13 (2b), p18 (all), p19 (2, 3), p22 (1, 2), p23, p44 (2, 6, 7), p63 (1, 4), p77 (I, K, L), p79 (centre, right), p80, p86, p96, p101, p106 (4, 5, 6, 7, 8, 9, 11), p110 (2, 4-13), p111 (15, 17), p127 (centre right), p128 (C, E), p140, p143, p146 (left), p147

p8 (E) Matka Wariatka. Image from BigStockPhoto.com, (G) iStockphoto.com, shapecharge, (K) iStockphoto.com, Dóri O'Connell, (L) iStockphoto.com, Jeff Gynane, (M) Joe0876. Image from BigStockPhoto.com, (O) 2008 Jupiterimages Corporation; p9 (5) iStockphoto.com, Michael Flippo, (10) BiltOn Graphics. Image from BigStockPhoto.com, (11) iStockphoto.com, Jeff Gynane; p10 (4) BiltOn Graphics. Image from BigStockPhoto.com; p12 (3b) Michael Spencer, (5b) Office de Tourisme de La Rochelle; (7b) Les Polders/Alamy, (8b) Karen Mitchell. Image from BigStock Photo.com; pp12-3 (1b, 2a, 3a, 4a, 5a, 6a, 6b) David Simson; p13 (4b) Michael Spencer; p19 (1) David Simson; p30 (A, B, E, F) Michael Spencer, (C) David Simson, (D) Sylvia Honnor; (G) iStockphoto.com, Feng Yu, (H) iStockphoto.com, Thomas Barnes; p31 iStockphoto.com, Eric Isselée; p40 (left) Tomas Plecenik. Image from BigStockPhoto.com, (centre) Rossillicon Photos. Image from BigStockPhoto.com, (top right) Britvich Ilia. Image from BigStockPhoto.com, (centre bottom) iStockphoto.com, Florea Marius Catalin, (bottom right) iStockphoto.com, Alex Nikada; p42 JUPITERIMAGES, Agence Images/Alamy; (3) 2008 Jupiterimages Corporation; p44 (8) David Simson, (11a) Corbis Super RF/Alamy, (11b) iStockphoto.com, thefinalmiracle; p46 Paul Shawcross/Alamy; p54 iStockphoto.com, Nicky Blade; p55 (a) Jason Stitt – Fotolia.com; p59 Michael Spencer; p63 (2) iStockphoto.com, Roberto A Sanchez; p63 (3) iStockphoto.com, Michele Galli; p64 David Simson; p66 (A, C, E) Office de Tourisme de La Rochelle; p70 (left) NASA Jet Propulsion Laboratory (NASA–JPL), (right) Arco Images/Alamy; p72 2008 Jupiterimages Corporation; p74 iStockphoto.com, Trevor Fisher; p76 (B) David Simson, (D) Stephen Finn/Alamy; p77 (F, H) David Simson, (J) Nick Hanna/Alamy; p79 (left) SHOUT/Alamy; p88 (left) Nick Hanna/Alamy, (centre) dsa046 – Fotolia.com, (top right) 2008 Jupiterimages Corporation, (bottom right) AWKosche Photography; p94 David Simson; p95 Kovac – Fotolia.com; p102 (1) Matka Wariatka. Image from BigStockPhoto.com, (3) iStockphoto.com, Roman Chmiel, (4) Joe0876. Image from BigStockPhoto.com, (5) Tom McNemar – Fotolia.com, (7) iStockphoto.com, specular, (8) Nikolai Sorokin – Fotolia.com; p99 David Simson; p100 David Simson; p102 David Simson; p103 Michael Spencer; p104 (top right) David Simson, (b) Ulrich Doering/Alamy, (c) Courtesy of Ji-Elle, (d) DigitalVues/Alamy, (e) Brian Seed/Alamy, (f) iStockphoto.com, poco_bw, (g) iStockphoto.com, Alistair Cotton, (h) iStockphoto.com, Bernhard Richter, (i) iStockphoto.com, Peter Malsbury; p106 (3 of buildings and logo) Collège Missy; p110 (1, 3) Michael Spencer, (14) David Simson; p111 (16, 18, 20) David Simson, (19) Michael Spencer; p114 iStockphoto.com, Julián Rovagnati; p123 David Simson; p124 David Simson; p126 (A, C, D, J, K, L) 2008 Jupiterimages Corporation, (B) iStockphoto.com, Anne de Haas, (E) weim – Fotolia.com, (F) shapiso – Fotolia.com, (G) RolMat – Fotolia.com, (H) iStockphoto.com, Andrea Leone, (I) Dorlies Fabri – Fotolia.com; p127 (top left, top centre 2, top right) David Simson, (bottom right) Iconotec, Alamy, (bottom left) chromepix.com, Alamy; p128 (A, B, D, F) David Simson; p132 (left) 2008 Les éditions Albert René, Goscinny-Uderzo, (right 1) Parc Astérix 2008; p133 (2) Jean-Louis Bellurget. Courtesy of Parc Astérix, (5) Valentine Vermeil. Courtesy of Parc Astérix, (2) Parc Astérix 2008, (4) Parc Astérix 2008; p135 (left) Britvich Ilia. Image from BigStockPhoto.com, (right) iStockphoto.com, Tom Gufler; p144 Syliva Honnor; p150 iStockphoto.com, Jacques Croizer; p151 Arch White/Alamy; p152 David Simson

All other photographs from Nelson Thornes Ltd

Cover photograph: Courtesy of Photolibrary

Photo research: Martyn F. Chillmaid

Special thanks to all schools who took part in the formal and informal market research on Encore Tricolore and provided valuable feedback; Mrs S. Hotham of Wakefield Girls' High School; Ms Bethany Honnor, Florence Picard and the French staff at Latymer School; Hilary Munday and the French staff and students at Royal Grammar School, High Wycombe; Teresa Huntley; Heather Rendall; Alan Wesson; Ron Holt; Victoria Dutchman; Collège Missy, Office du Tourisme, Musée Maritime, Aquarium, of La Rochelle, France; Staff and pupils of Collège Privé St Pierre, Troyes; Franck and Gaëlle Garcia, Jean-Luc Query, Christine Conti, Véronique Forciniti, their families and friends for their invaluable help and support in obtaining photographs

Recordings produced by Footstep Productions Ltd